AF366059

SYSTÈME ANGLAIS

D'INSTRUCTION,

OU

RECUEIL COMPLET

DES

AMÉLIORATIONS ET INVENTIONS

MISES EN PRATIQUE

AUX ÉCOLES ROYALES, EN ANGLETERRE.

SYSTÈME ANGLAIS

D'INSTRUCTION,

OU

RECUEIL COMPLET

DES

AMÉLIORATIONS ET INVENTIONS

MISES EN PRATIQUE

AUX ÉCOLES ROYALES, EN ANGLETERRE;

PAR JOSEPH LANCASTER.

Toutes les nations connues, en accroissant leurs richesses, ont accru leur corruption ; un torrent de morale dépravée, a , dans tous les états opulens, renversé avec une violence irrésistible les barrières derrière lesquelles la sagesse des législateurs avoit cherché à garantir la pureté, la sobriéte et la vertu. S'il est quelque moyen d'arrêter la corruption d'une nation, dont l'opulence s'accroît, et dont la morale se perd ; ce n'est pas celui de *lois ayant pour objet direct de corriger les habitudes invétérées des hommes , mais bien celui d'une éducation propre à former le cœur des enfans , en les pénétrant de l'excellence de la religion et de la morale.*

Évêque de Landaff.

Traduit de l'anglais.

A PARIS,

DE L'IMPRIMERIE DE MADAME HUZARD

(née VALLAT LA CHAPELLE),

Rue de l'Éperon Saint-André-des-Arts, n°. 7.

1815.

PRÉFACE

DU TRADUCTEUR.

La méthode d'instruction pour la lecture, l'écriture et l'arithmétique de M. *Lancaster*, a eu les succès les plus grands et les plus étendus en Angleterre. Dans ce pays riche en fortunes et en esprit public, il s'est formé de nombreuses et considérables souscriptions, à l'aide desquelles la méthode de *Lancaster* s'est répandue dans tout le royaume. Il y a peu de villes où elle ne soit aujourd'hui établie.

Considérée isolément comme moyen d'apprendre à lire par l'écriture, cette méthode semble préférable à toutes celles déjà connues et partiellement pratiquées en France ; mais considérée comme moyen d'instruire un grand nombre d'enfans réunis, cette méthode est de beaucoup supérieure aux autres, parce qu'elle établit un ordre qui peut faire enseigner à-la-fois dans la même salle huit classes de forces différentes et chacune selon sa force; parce qu'en employant les enfans eux-mêmes à l'instruction des autres, sans même qu'il soit nécessaire que ces petits instructeurs soient beaucoup plus habiles que leurs camarades qu'ils enseignent, elle excite, elle entretient une émulation qui assure les progrès; parce qu'ainsi un maître payé suffit à l'instruction de trois à quatre cents enfans, qui peuvent être conduits in- clusivement jusqu'à la connoissance des quatre règles d'arithmétique, et plus loin encore s'il étoit nécessaire; parce qu'ainsi, et aussi par la substitution habituelle des ardoises au papier, elle diminue beaucoup la dépense. L'ordre établi dans cet en- seignement, en est le caractère principal; et l'on sait de quelle importance peut être pour la vie entière l'habitude de la sou- mission à l'ordre, dans l'enfance. Les pré- ceptes de religion et de morale se donnent et s'inculquent par les exemples donnés pour la lecture et l'écriture ; ces exemples peuvent aussi instruire des devoirs du citoyen , etc.

Nous avons cru utile de faire connoître cette méthode en France, et nous avons cru que le meilleur moyen étoit de répandre la traduction de l'ouvrage de M. *Lancaster* qui la développe.

Nous ne nous sommes permis aucune altération dans le texte, et nous avons traduit fidèlement jusqu'à quelques longueurs et quelques répétitions, qui auroient pu en être soustraites sans inconvénient.

Nous ne sommes pas sans espérance que cette excellente méthode ne soit essayée en France, et qu'elle ne s'y établisse avec succès. Nous croyons y voir un grand avantage pour l'éducation de la jeunesse pauvre , éducation si nécessaire à encourager et à étendre ; puisque la bonne éducation de la jeunesse est la vraie source de la solide prospérité d'une nation ; de cette prospérité qui naît de la connoissance que chacun a des principes de la religion et de la morale, et de l'habitude de les pratiquer.

ABRÉGÉ

DE LA

MÉTHODE D'ENSEIGNEMENT

ET D'ÉDUCATION

DE JOSEPH LANCASTER.

Des salles d'école, des bancs et pupitres,
et des arrangemens préparatoires.

La meilleure forme d'une salle d'école est un carré long ou parallélogramme. Cette salle doit être garnie de bancs sans dos, et d'autant de tables de même longueur, un peu inclinées, en forme de pupitre.

Les bancs doivent faire face à la tête de l'école, afin que le maître porte facilement la vue sur tous les écoliers, qui, étant assis, doivent tous avoir le visage tourné de ce côté.

Chaque corps de menuiserie, composé d'un banc et de son pupitre, doit être séparé d'un autre par un petit passage, afin que les écoliers d'un banc entrent et sortent par cet intervalle sans déranger les écoliers du banc voisin, ni ceux de leur propre banc. Il est nécessaire que les bancs et les pupitres soient massifs et solidement fixés contre le plancher; il faut aussi en arrondir les bouts et les coins, pour éviter que les écoliers ne se blessent.

La salle doit être terminée par une plate-forme élevée où sera la table du maître, et d'où il puisse surveiller toute l'école. Un passage libre doit être laissé à l'entrée de l'école et dans toute la longueur de l'un des côtés, et même des deux si l'espace le permet. En général, une salle trop étroite a de grands inconvéniens; la confusion y est presque inévitable, par-là l'attention plus difficile, et les écoliers ne peuvent s'y maintenir dans l'ordre nécessaire à leurs études.

Il faut soigneusement éviter tout local qui obligeroit à mettre les pupitres contre ou vis-à-vis les murailles, ou à les placer de manière qu'une rangée d'écoliers fût face à face avec une autre rangée. Cette disposition favoriseroit leur paresse ou leurs jeux, puisqu'ils seroient totalement, ou au moins en partie, hors de la vue du maître.

Il faut encore avoir soin, par la dimension que l'on donnera aux bancs et aux pupitres, et par l'intervalle qui sera laissé entre les rangées, de ne pas perdre inutilement un espace qu'il vaudroit bien mieux employer à placer un plus grand nombre d'écoliers.

Il est aussi très-utile, quand les localités le permettent, de donner une inclinaison au plancher ou au sol de l'école. Par ce moyen, les bancs se trouvent successivement plus élevés à mesure qu'ils s'éloignent de la place qu'occupe le maître; et celui-ci a autant sous sa vue les écoliers du dernier banc que ceux du premier.

La libre circulation de l'air dans la salle d'école mérite encore une grande attention. Il faut absolument que cette condition essentielle soit remplie, et que l'école ait des fenêtres suffisantes, bien placées, et en assez grand nombre.

La meilleure méthode de chauffer les écoles, c'est de le faire par des tuyaux de chaleur aboutissant à un poêle souterrain, ou placé au-dessous de l'école, dans lequel on pourroit ne brûler que des charbons de rebut. De cette manière, toutes les parties de la salle sont chauffées également, et les écoliers n'ont pas besoin de quitter leurs places pour aller se réchauffer au feu, ce qui dérange le travail et produit souvent quelque désordre.

Arrangement des chapeaux, au moyen duquel chaque écolier suspendra le sien derrière son dos, avec des cordons ou des rubans, comme il feroit pour un havre-sac.

Cet arrangement prévient la perte des chapeaux, ainsi que les méprises et la confusion lorsqu'il s'agit de les retrouver, inconvéniens inévitables dans un rassemblement nombreux d'écoliers. Il rend aussi inutile l'emploi des clous ou des planches, ce qui épargne le temps considérable qu'il faudroit perdre deux fois par jour pour y aller déposer les chapeaux, et pour aller encore les reprendre avant de quitter l'école; sans compter que ces mouvemens d'une multitude d'écoliers, étant nécessairement précipités, ne pourroient se faire sans plus ou moins de désordre. Il n'y a pas d'école nombreuse de garçons, où la perte des chapeaux ne donne lieu chaque jour à quelque dispute ou à quelque plainte. L'arrangement que l'on indique ici les fera cesser.

Ainsi, à un commandement donné, aussitôt

que tous les écoliers auront pris leur place ;
chacun d'eux attachera son chapeau derrière
son dos, au moyen de quelques cordons, appa-
reil facile à imaginer, et qu'on n'a pas besoin
de décrire. A un commandement semblable,
les écoliers détacheront leurs chapeaux avant
de sortir de l'école, ce qu'ils feront en un seul
mouvement.

Rien n'est minutieux ni indifférent dans les
précautions propres à maintenir un ordre facile,
constant et régulier, au milieu d'une grande
réunion de jeunes enfans. Des précautions de
cette nature seront à prendre pour toutes les
fournitures de l'école, telles que les livres,
les ardoises, etc. Une maxime générale s'applique à tous ces objets, et l'on ne doit jamais
s'en écarter : c'est *qu'il doit y avoir une
place pour chaque chose, et que chaque chose
doit être à sa place.*

*Règle d'après laquelle on doit former les
classes.*

Tout nombre d'écoliers, dont l'avancement
est à-peu-près le même dans ce qu'ils apprennent, doit être classé ensemble ; n'y en
eût-il dans une école que quatre ou six ap-

prenant la même chose , comme l'*a b c*, l'*addition*, la *soustraction*, etc. , il faudroit également les réunir en une classe, car leurs progrès seront presque doublés par cela seul que les écoliers sont classés et qu'ils apprennent en commun. Une classe peut se composer de tel nombre d'écoliers que ce soit, sans limitation à un nombre particulier.

Formation des différentes classes.

Dans chaque école il y a à faire une première distinction générale entre les écoliers. Il faut distinguer ceux qui apprennent à lire ou à calculer de ceux qui l'ont déjà appris. Les premiers apprennent pour acquérir la connoissance de la lecture ou du calcul ; les seconds pratiquent ce qu'ils ont appris pour le développement de leur esprit, ou pour atteindre à la facilité dans l'exécution.

Ordre des classes pour les écoliers qui apprennent à lire.

1ʳᵉ. classe **A , B , C.**
2ᵉ. — mots ou syllabes de deux lettres.
3ᵉ. — *idem* de trois lettres.
4ᵉ. — *idem* de quatre lettres.

5e.   — mots ou syllabes de cinq lettres.

6e.   — leçons de lecture ou d'épellation de deux syllabes et Testament.

7e.   Bible.

8e.   un choix des écoliers qui lisent le mieux parmi ceux de la septième classe.

De cette manière chaque classe a sa leçon particulière. L'attention des écoliers n'est dirigée que sur un seul objet, et on ne permet point que les écoliers d'une classe se mêlent avec ceux d'une autre classe.

Les enfans qui apprennent l'alphabet, comme nous l'indiquerons plus bas, doivent apprendre en même temps à tracer sur le sable ou sur l'ardoise la forme des caractères d'impression.

Dès qu'un écolier a dépassé la première classe, il doit apprendre à faire l'alphabet *d'écriture* sur l'ardoise.

Après avoir appris l'alphabet *d'écriture*, dans quelque classe qu'il se trouve, il devra écrire sur l'ardoise les mêmes syllabes, les mêmes mots ou phrases qu'il lit ou qu'il épelle dans ses leçons de lecture ou d'épellation. S'il est dans la classe de deux lettres, il écrira des mots de deux lettres ; s'il est dans celle de trois lettres, il écrira des mots de trois lettres, etc.

Le lecteur s'apercevra que l'étude de la lecture, celle de l'épellation et celle de l'arithmétique, sont liées ensemble par le moyen de l'écriture. La méthode de l'enseignement de l'écriture sera décrite sous les titres : *Épellation* et *Arithmétique*.

Gradation des classes dans l'étude de l'écriture.

Classe 1 L'A B C, en impression ;
      2 L'alphabet d'écriture, ou mots de 2 lettres ;
      3 mots de 3 lettres;
      4 —— de 4 lettres ;
      5 —— de 5 et 6 lettres ;
      6 —— de 2 syllabes, etc.;
      7 } Une série particulière de leçons d'épel-
      8 }   lation, publiée par *Lancaster*.

Quant aux places que doivent occuper les différentes classes dans la salle d'école, il est bon que la première classe soit placée près du pupitre du maître ; la seconde immédiatement après, et ainsi successivement : de cette manière les enfans les plus jeunes, qui sont ordinairement les plus étourdis, seront immédiatement sous les yeux du maître, et il sera plus facile de les maintenir dans l'ordre.

Gradation des classes dans l'étude de l'arithmétique.

Classe 1 Les écoliers qui apprennent à tracer et à combiner les unités, les dizaines, etc.

2 Addition.

3 *idem* composée.

4 Soustraction.

5 *idem* composée.

6 Multiplication.

7 *idem* composée.

8 Division.

9 *idem* composée.

10 Réduction.

11 Règle de trois.

12 Pratique et application.

De la manière d'examiner les écoliers, et de les distribuer en classes pour la lecture et l'écriture.

A l'entrée d'un écolier dans l'école, le maître doit l'examiner sur son plus ou moins de facilité à distinguer les lettres imprimées de l'alphabet;

s'il ne les connoît pas toutes, il doit être mis dans la première classe.

Si le maître trouve que l'écolier connoît *parfaitement* son alphabet, il doit le placer dans la deuxième classe.

Si l'écolier est en état de répéter parfaitement toutes les leçons qui appartiennent à la deuxième classe, il doit passer dans la troisième; s'il peut répéter convenablement les leçons de la troisième classe, il devra être mis dans la quatrième. La même règle doit être observée pour les cinquième, sixième et septième classes.

La huitième classe doit être formée par un choix des meilleurs lecteurs de la septième. On leur permet l'usage des livres pour le développement de leur esprit; ce qui n'est point accordé aux autres classes. Ce sujet sera plus amplement développé dans la suite.

A l'admission de chaque écolier, le maître doit inscrire son nom, sa demeure, et autres renseignemens qui le concernent, dans un registre à ce destiné (1).

______

(1) Toute méthode pour tenir ce registre est bonne, pourvu qu'elle soit claire, régulière et toujours la même.

De l'écriture dans les classes.

D'après la méthode ordinaire, l'art de l'écriture est totalement séparé de la lecture et de l'épellation. Par le nouveau système, l'épellation et l'écriture sont liées dans l'enseignement et se combinent avec la lecture ; il en est de même de l'écriture et du calcul. Quand un écolier est classé pour apprendre à lire, conformément à l'ordre des classes de lecture (*voyez* pag. 13), il est par cela seul classé pour apprendre à écrire (*voyez* pag. 16.).

De la formation des classes pour l'arithmétique.

Tout écolier qui se présente à l'école, et qui n'a point encore appris l'arithmétique, doit être placé dans la première classe ; mais s'il s'agit de former une nouvelle école, il vaut mieux que tous les écoliers sans distinction commencent par la première classe.

Les classes marquent les gradations dans l'étude ; et une partie essentielle du système des récompenses consiste à accorder, comme récompense, à un écolier, le passage d'une classe dans une autre.

DE LA MÉTHODE

D'ENSEIGNER L'ALPHABET,

ou

DE LA PREMIÈRE CLASSE.

Méthode auxiliaire pour enseigner l'alphabet en imprimant dans le sable.

La première ou la plus basse classe d'écoliers se compose de ceux qui ne connoissent point encore leur alphabet. Cette classe peut comprendre dix, vingt, cent ou tel autre nombre d'enfans qui n'ont pas encore fait assez de progrès pour connoître et distinguer toutes les lettres de l'alphabet à première vue. S'il ne se trouve dans l'école que vingt écoliers de cette catégorie, un seul *moniteur* (1) suffira pour les conduire et les enseigner. Si le nombre en est double, il faudra deux *moniteurs*, et ainsi

____

(1) On a traduit littéralement le nom anglais. La suite en démontrera la raison.

de suite dans la même proportion. Le lecteur remarquera que dans cette classe, comme dans toutes les autres, le *moniteur* n'a, chaque fois, qu'une seule tâche à remplir, et les écoliers n'ont également que ce même objet à apprendre. Cette simplicité de système rend facile l'étendue des fonctions de chaque *moniteur* dans l'enseignement. Le nom de la classe est également important. — Celle-ci s'appelle la première ou la classe de l'A B C. La méthode de l'enseignement se compose des procédés suivans : Les écoliers sont assis sur un banc qui est fixé au plancher; un autre banc, d'environ un pied plus haut, est placé devant eux et leur sert de pupitre sur lequel ils impriment. Ce pupitre est muni d'un rebord en sapin (de petites lattes clouées contre ce pupitre serviront au même but), ainsi que nous le figurons ici :

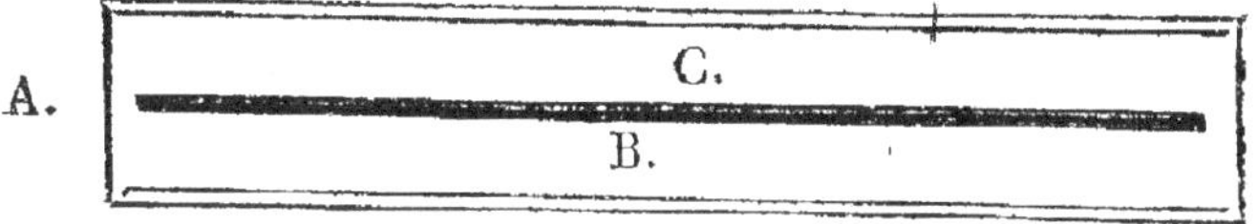

La lettre A indique la largeur totale du pupitre, qui est supporté par autant de pieds que sa grandeur l'exige. B, est un espace vacant où les enfans appuient leur bras gauche pendant qu'ils écrivent ou qu'ils impriment avec

la main droite. Le sable est placé dans l'espace
C (1). Les doubles lignes figurent les rebords
(ou les lattes) qui retiennent le sable à sa
place. Toute espèce de sable est propre à cet
usage , mais il doit être sec. Les enfans impriment dans le sable avec leurs doigts; tous
impriment sur le commandement donné par
leur *moniteur*. Un écolier qui sait déjà comment on doit imprimer, et qui connoît plusieurs
de ces lettres , est placé à côté de celui qui n'en
connoît encore que peu , afin qu'il puisse l'assister , et sur-tout afin que ce dernier puisse
copier la forme de ses lettres en les voyant
faire. Nous avons trouvé que cette manière de
se copier l'un l'autre étoit d'un grand avantage pour l'avancement. En enseignant aux enfans à imprimer l'alphabet, le *moniteur* commence par tracer une lettre dans le sable devant
chaque enfant qui n'en a encore aucune connoissance. L'enfant est tenu de copier cette
lettre avec son doigt, et cela est répété jusqu'à
ce qu'il puisse l'imprimer sans l'assistance du
moniteur ; ensuite il pourra commencer à

____

(1) L'espace C est peint en noir, afin que les enfans
qui tracent les lettres dans un sable blanc, voient res-
sortir le fond avec plus d'avantage.

apprendre une autre lettre. Il n'y a que la première classe qui écrive sur le sable.

Les lettres sont enseignées d'après des séries;
elles sont arrangées en trois séries d'après la
similitude de leur forme. Toutes les lettres de
l'alphabet se réduisent à trois formes princi-
pales. Premièrement, les lettres qui dépendent
de la formation d'une ou plusieurs lignes droites,
savoir : I, H, T, L, E, F,—i, l; secondement, les
lettres qui dépendent de la formation d'un angle
ou de lignes obliques : A, V, N, M, Z, K, Y, X,
— v, w, k, y, z, x; troisièmement, les lettres
formées d'un cercle ou d'une ligne courbe :
O, U, C, J, D, P, B, R, Q, S,—a, o, b, d, p, q,
g, e, m, n, h, t, u, r, s, f, j. Ces séries de lettres
s'apprennent facilement, à cause de la similitude de leur forme. La plus grande difficulté
dans l'enseignement des lettres vient de celles
qui sont exactement les mêmes et qui ne se distinguent que par le changement de leur position. Par exemple, les lettres p, q et b, d sont
souvent confondues par les enfans; mais en
apprenant à faire ces deux lettres en même
temps, ils parviennent facilement à les distinguer. Quand ils sont parvenus à ce point, on les
occupe à les imprimer toutes à-la-fois. Cela fait,
ils restent tranquilles jusqu'à ce que le *moniteur*

ait uni et aplati le sable avec un fer plat , tel qu'on s'en sert ordinairement pour repasser le linge (un repassoir en bois peut servir au même but). Le sable étant sec , l'instrument ne rencontre aucun obstacle , et de cette manière toutes les lettres qui ont été rapidement tracées par les enfans , sont aussitôt effacées avec la même promptitude par le *moniteur.* Les écoliers appliquent de nouveau leurs doigts sur le sable , et procèdent comme auparavant.

Nouvelle méthode pour enseigner l'alphabet.

Une autre méthode d'enseigner l'alphabet consiste à avoir une grande feuille de carton que l'on suspend au mur de la salle d'école par un clou , et sur laquelle sont tracées les lettres de l'alphabet. Huit écoliers de la classe *au sable* se rangent dans un demi-cercle autour de cet alphabet, d'après les n°s. 1, 2, 3, etc. Ces numéros sont des morceaux de carton portant les chiffres 1, etc., qu'on attache à la boutonnière ou au cou des enfans. Le meilleur écolier a la première place ; il porte une carte de cuir doré sur laquelle est écrit *mérite ,* comme un signe d'honneur. Il est toujours interrogé le premier par le *moniteur* qui, en désignant avec une baguette l'une des lettres de l'alphabet , demande *quelle est cette lettre* ? S'il énonce sans hésiter la lettre dont il s'agit, il reste à sa place dans la classe ; mais s'il se trompe, il perd sa place en même temps que sa carte et son numéro, et il est remplacé par l'écolier qui, le premier, a répondu exactement à la question.

Cette méthode provoque une émulation continuelle ; elle exige une attention non interrompue de la part du *moniteur*, et il ne peut pas ainsi regarder de côté ou d'autre pendant que les écoliers répètent les lettres. *L'affaire du* moniteur *n'est pas d'enseigner, mais de veiller à ce que les écoliers de sa classe ou de sa division s'enseignent les uns les autres.* Si un écolier, au lieu d'appeler A, dit B ou O, le *moniteur* ne doit pas dire, *ce n'est pas B ni O, c'est A*, il doit s'adresser à l'écolier qui le suit immédiatement, et lui demander de rectifier l'erreur de celui qui le précède. Il est bon d'employer alternativement les deux méthodes du sable et du tableau ; elles s'aident réciproquement : les chiffres sont enseignés de la même manière.

L'enseignement de la première classe se borne à l'impression ; c'est seulement dans la seconde classe que l'on commence à enseigner l'écriture ; la pratique montrera pourquoi il est nécessaire de séparer ces deux enseignemens. L'objet de la seconde classe est d'apprendre à écrire sur l'ardoise, en commençant par l'alphabet et en ne continuant que jusqu'aux syllabes de deux lettres, comme *ba, ab.* Les écoliers apprennent donc également dans cette classe à épeler ces mêmes syllabes sur le tableau, ainsi qu'à y distinguer et reconnoître les lettres de l'alphabet d'écriture. Cette distinction des lettres de l'impression et des lettres de l'écriture, dont les premières ne sont enseignées que dans la première classe, et les dernières que dans la seconde, a pour but d'empêcher que les écoliers ne s'embarrassent par la confusion de ces deux alphabets ; ce qui arriveroit s'ils les apprenoient à-la-fois.

SECONDE CLASSE.

La seconde classe se compose d'enfans qui ont appris à tracer les lettres et les chiffres dans le sable, ainsi qu'à les distinguer promptement et à les reconnoître sur le papier.

Dans cette classe, les écoliers ont de petites ardoises sur lesquelles ils apprennent à faire toutes les lettres de l'alphabet d'écriture; ils évitent par-là la difficulté qu'ils auroient pu éprouver, si, dans la première classe, on leur avoit fait apprendre les deux alphabets à-la-fois. Il faut avoir soin que les séries de mots ou de syllabes de deux lettres adaptées à cette classe, soient arrangées de manière à comprendre et à faire passer en revue tout l'alphabet. D'un autre côté, les enfans oublieroient bientôt ce qu'ils viennent d'apprendre, si une répétition fréquente des mêmes leçons ne gravoit pas chaque jour dans leur mémoire ce qu'on veut leur enseigner.

Cette classe reçoit des leçons par le moyen de tableaux où sont écrits des mots ou des syllabes de deux lettres. Toute la classe s'assemble successivement devant ces tableaux, par divisions de huit. Le premier écolier est appelé par le *moniteur* à épeler un mot de la même manière que le premier écolier, dans la classe de l'A B C, étoit appelé à distinguer une simple lettre ; la préférence est de même accordée à celui qui se montre le plus avancé, comme nous avons vu précédemment. En un mot, cette méthode est la même que celle du tableau de l'A B C, avec la seule différence, qu'au lieu de reconnoître les lettres, il s'agit maintenant de les combiner. Parmi cette classe, les uns apprennent à écrire l'alphabet ; les autres, des mots ou des syllabes de deux lettres. Le *moniteur* est choisi dans la classe de trois lettres, et peut facilement faire attention en même temps aux premiers comme aux seconds.

Le moniteur prononce un mot de deux lettres, comme *il*, *ma*, etc., ou une syllabe comme *ab*, *ba*, et chaque garçon l'écrit aussitôt sur l'ardoise en l'épelant.

On comprendra que la troisième classe ou la classe de trois lettres épelle, en écrivant sur l'ardoise, des mots de trois lettres seulement ; la quatrième classe écrit des mots de quatre lettres ; et la cinquième des mots de trois ou quatre syllabes, et par conséquent des mots qui ont un sens. L'enseignement se fait de la même manière dans toutes les classes ; il n'y a de différence que dans la longueur des mots ou des syllabes qu'apprend chaque classe.

Méthode perfectionnée pour enseigner l'épellation en écrivant.

Cette méthode n'est qu'un moyen supplémentaire qu'il est très-utile d'ajouter au cours régulier des études, mais qui ne doit ni l'interrompre ni le déranger en la moindre des choses. Elle commande l'attention des écoliers, elle satisfait et remplit les dispositions actives de la jeunesse, et offre une excellente introduction et un moyen auxiliaire à l'enseignement de l'écriture. L'expérience a appris qu'elle double les progrès des enfans, et elle a encore l'avantage de remplacer l'usage des livres dans l'enseignement.

Voici en quoi consiste cette méthode : on munit une vingtaine d'enfans d'ardoises et de crayons, et l'on prononce devant eux un mot quelconque pour qu'ils aient à l'écrire ; par exemple, le mot *ré-so-lu-tion ;* ils seront forcés d'écouter avec une grande attention pour saisir le son de chaque lettre à mesure qu'elle tombe des lèvres de celui qui la prononce ; mais en même temps, pour être à même d'écrire ce mot sur l'ardoise, ils ont besoin de se retracer la forme de chaque lettre et la prononciation du mot entier.

Si nous nous examinons nous-mêmes quand nous écrivons des lettres, nous trouvons que l'écriture est tellement liée avec l'orthographe, que nous ne pouvons pas écrire un mot sans l'épeler en quelque sorte en l'écrivant, afin de corriger par-là les inexactitudes qui se rencontreroient.

Maintenant, si ces vingt écoliers apprenoient

à lire dans une école ordinaire, ils auroient chacun leur livre, et chacun d'eux successivement liroit ou épelleroit devant le maître pendant que les dix-neuf autres regarderoient leur livre ou toute autre chose, selon leur gré; eussent-ils même constamment les yeux sur le livre, par la terreur ou la crainte, on ne peut jamais savoir si leur attention est engagée en effet comme l'apparence l'indique.

Il n'en est pas ainsi dans la méthode actuelle; car, pendant que le vingtième garçon lit devant le maître (1), les autres dix-neuf, au lieu de rester oisifs, épellent le même mot, puisqu'ils sont obligés de l'écrire sur l'ardoise. De cette manière, la totalité des écoliers épellera, écrira et lira chaque mot.

On peut encore ajouter, que la même peine que l'on emploie pour enseigner vingt écoliers, suffira pour soixante où cent, en employant plusieurs des enfans les plus avancés, pour inspecter les ardoises des autres; ils n'ont besoin que de faire un signal au principal *moniteur* pour l'avertir que le mot est achevé par

____

(1) On verra à l'article *lecture,* que je n'approuve point la lecture de chaque écolier l'un après l'autre; ce moyen n'excite aucune émulation.

tous ceux qu'ils surveillent , et celui - ci en dicte un nouveau. Cette expérience a été essayée sur plusieurs centaines d'écoliers à-la-fois , et il a été reconnu qu'ils peuvent facilement écrire sous la dictée d'un seul écolier qui prononce les mots fur et mesure qu'on les écrit.

Par cette méthode, un enfant qui fait partie d'une classe d'une centaine d'écoliers , non-seulement lit autant que s'il étoit seul sous les soins du maître, mais en outre il épelle soixante ou quatre-vingt-dix mots de quatre syllabes dans moins de deux heures.

Si l'on calcule ce nombre de mots que les enfans épellent journellement en écrivant sur l'ardoise , on trouvera qu'il s'élève à plusieurs milliers ; tandis que , d'après l'ancienne méthode , rien n'auroit été écrit ou épelé , et les dix-neuf vingtièmes des écoliers seroient restés oisifs.

On voit par-là que cette méthode est véritablement un moyen additionnel , son perfectionnement une introduction aux autres études des écoliers , et qu'elle n'entraîne aucun surcroît de peine pour celui qui enseigne. Cette méthode double au moins les progrès de chaque écolier ; en même temps elle empêche aussi

l'oisiveté ; et comme elle commande l'attention, attendu que les enfans obligés d'écrire ne
pourroient causer entre eux, elle procure, par
cela même, le grand avantage de la tranquillité
et du silence sans recourir à la terreur.

D'après la méthode habituelle, les écoliers
font ou ne font pas attention à la leçon, sans
qu'on puisse s'en apercevoir ; mais ici, la par-
ticipation d'esprit de la part des enfans est visible ; car l'attention que chacun donne à la
leçon se montre sur son ardoise, et l'oisiveté
ou la négligence est immédiatement découverte. Ce moyen est simple en lui-même ; c'est
par cet usage journalier que je me suis con-
vaincu de son utilité, et particulièrement de
la grande facilité pratique qu'il donne pour
l'écriture.

L'avantage de cette méthode, sous le rapport de l'économie, est encore bien précieux.

La dépense première, d'après l'ancienne méthode, est de 6 den. sterl. ou 12 sous français par
mois pour chaque écolier, pour le papier, les
plumes, l'encre, etc. Or, comme la nouvelle
méthode donne pour l'écriture une facilité et
une pratique six fois plus considérables, cette
dépense de 6 den. sterl. par mois devroit être
multipliée par six, pour que l'ancienne mé-

thode pût donner à ses écoliers un degré d'a-
vancement égal à celui des écoliers de la nouvelle méthode.

La dépense ordinaire pour soixante enfans,
seroit annuellement de 18 l.

Ancienne manière.	*Nouvelle manière.*
	Soixante ardoises. l. 1 — 20 f.
Six fois la dépense ordinaire	Cent crayons par an,
pour papier à écrire l. 108	quatre pour chaque
f. 2692	garçon, à 8 d. ou
	16 sch. le cent. . . 2 ou 48
	—————————
	l. 3 — 72 f.

Balance en faveur de la nouvelle méthode,
105 liv. st. ou 2520 f.

Plusieurs centaines de personnes d'un caractère respectable, dans la noblesse, le clergé
et le tiers, qui ont visité mon institution, peuvent attester que les progrès des enfans, par
cette méthode d'écrire en épelant, sont vrai-
ment étonnans; et cela non pas pour quelques
écoliers seulement, mais pour toute l'école.
Par l'habitude d'écrire sur l'ardoise, ils apprennent à manier leur crayon de manière à
écrire absolument comme avec une plume, et
à faire avec cet instrument tous les traits calli-
graphiques de chaque lettre.

Environ cent cinquante écoliers ont des
cahiers à écrire, et leur écriture sur l'ardoise

est un *fac simile* de leur écriture sur le papier. Au reste, ils n'écrivent sur le papier que quatre fois par semaine tout au plus, et ne font chaque fois qu'une seule copie d'environ une page in-4°.

Les garçons peuvent facilement rajuster leurs crayons en les amincissant jusqu'à un point convenable ; il n'en est pas de même avec les plumes. D'ailleurs, on ne sauroit nier qu'une bonne écriture courante pour l'usage et non *de bureau*, dépend beaucoup plus de l'exercice et de l'habitude, que de la manière particulière dont on tient la plume et des autres règles mécaniques de la calligraphie.

Toute l'école étant classée d'après le degré d'avancement dans la lecture, l'épellation de cette méthode se trouve unie à la lecture. Cette méthode d'épellation, si essentiellement utile, n'a besoin d'aucun moyen auxiliaire, elle est complète par elle-même.

Toutes les classes sont placées dans un ordre régulier, l'une au-dessus de l'autre, depuis la première jusqu'à la huitième. Chaque classe est occupée sous son propre *moniteur*.

Le *moniteur* d'une classe n'a d'autre soin que de dicter ou de veiller à ce qu'un des enfans de la classe dicte des mots pour être épelés ; l'écolier qui dicte écrit en même temps

lui-même. Le *moniteur* écrit également et ins-
pecte l'exécution de chaque écolier de sa
classe; il est responsable de chaque faute qu'ils
commettent, et les prépare à l'inspection du
moniteur en chef.

Méthode pour enseigner à épeler et à lire,
par laquelle un seul livre suffit au lieu de
six cents.

On sait que la méthode ordinaire d'enseignement exige que chaque écolier ait un livre.
Pendant qu'un enfant apprend une leçon dans
une partie du livre, toutes les autres parties de
ce livre sont inutiles, et cependant elles sont
également exposées à être usées par le manie-
ment continuel. Supposons un livre d'épellation qui contienne trente leçons : si trente enfans pouvoient lire ces trente leçons dans ce
même livre, il équivaudroit en utilité à trente
livres. Pour obtenir ce résultat, il faut d'a-
bord que tout le livre soit imprimé avec un
caractère trois fois aussi grand que celui dont
on se sert ordinairement, ce qui lui donnera
un volume et un prix triple de celui d'un livre
d'épellation ordinaire.

Il faut encore que ce livre ne soit imprimé
que sur le *recto* de chaque page, ce qui en

double encore le prix ; de manière qu'il pourra coûter la valeur de cinq à six livres ordinaires. Les différentes parties de ce livre seront collées sur des feuilles de carton que l'on suspendra par un cordon et un clou à la muraille, ou à tout autre endroit convenable. Un de ces cartons comprendra l'alphabet, un autre des mots ou syllabes de deux lettres, et ainsi de suite jusqu'à des mots de six lettres. Cette division correspond à celle des leçons de lecture qui s'élèvent graduellement depuis les mots d'une syllabe jusqu'à ceux de six lettres et plus, et servent de leçons préparatoires à celle de la lecture du testament. Il y a un moyen particulier auquel on ne pense pas assez souvent dans les leçons préparatoires que l'on fait suivre ordinairement aux enfans avant de les admettre à la lecture du Testament. Les mots de six lettres ou plus doivent, dans ces leçons, être divisés par des tirets entre les syllabes, ce qui les réduit à des fragmens de trois, quatre ou cinq lettres ; et il deviendra aussi aisé aux enfans de lire des mots entiers que des syllabes.

Dans le Testament, les mots de deux ou trois syllabes sont sans division ; dans les leçons préparatoires, les mots sont divisés comme celui-ci : ré-so-lu-tion.

Quand les cartons sont disposés comme on vient de le dire, douze ou vingt enfans peuvent se ranger en demi-cercle devant chacun de ces tableaux, et distinguer l'impression et les caractères pour lire et épeler aussi bien et même mieux que si chacun d'eux tenoit dans sa main un livre d'épellation ordinaire. Si un livre d'épellation étoit partagé en trente différentes parties ou leçons, il ne pourroit servir qu'à trente écoliers qui changeroient entre eux leurs leçons aussi souvent que cela seroit nécessaire, et ces différentes parties du livre seroient continuellemeut exposées à être perdues ou déchirées; mais chaque leçon se trouvant fixée sur un carton, pourra servir à douze ou quinze écoliers à-la-fois; et quand une leçon entière a été répétée autant de fois qu'il y a d'écoliers rangés en demi-cercle, ils sont renvoyés à leurs places pour épeler sur l'ardoise, et un nombre égal d'autres écoliers vient successivement étudier la même leçon. Deux cents écoliers peuvent tous facilement répéter leur leçon avec un seul et même carton, dans l'espace de trois heures.

L'avantage et l'importance de cette méthode pour l'économie du papier et des livres dans l'enseignement de la lecture et de l'épellation, la recommande suffisamment, et tout ce que je pourrois dire encore en sa faveur, d'après ma propre expérience, n'y ajouteroit rien.

Séries de leçons.

En enseignant les leçons dans mon nouveau livre d'épellation à des écoliers qui n'ont pas encore appris à lire, il est nécessaire que les enfans, en épelant un mot, se conforment chaque fois avec son original ou principal de ce mot qui est imprimé en italique et en tête des mots qui en sont composés; par exemple : le mot *ar*, qui est la racine ou le son principal des mots ou syllabes *par*, *car*, *art*, est placé en tête de la colonne de ces mots dans le tableau ; et c'est à ce type que l'écolier se conforme en les épelant. J'ai composé pour les classes supérieures une suite de leçons entièrement nouvelles, sur le plan du Catéchisme de France.

Ces leçons se composent d'un choix de passages de l'écriture, par demandes et par réponses. Le *moniteur* lit les demandes et les écoliers les réponses, ce qui maintient des deux côtés une attention continuelle.

Lorsque les écoliers sont rangés en demi-

cercle pour lire et épeler, ils portent leurs
numéros, cartes, tableaux, etc., ainsi qu'il
est dit sous le titre *Émulation et récompense*.
Ils cèdent mutuellement leurs places et leur
rang, d'après le degré de mérite, comme il
a été dit dans l'exposé de la première et de
la seconde classes.

Méthode particulière d'épellation.

Dans cette méthode on se sert du tableau
en carton en place du livre ; le *moniteur* général de lecture et d'épellation rassemble successivement toute la classe par demi-cercles de
douze ou de *vingt* écoliers qui viennent les
uns après les autres se ranger autour du tableau ; il appelle chaque écolier par son numéro, de manière à commencer par le n°. 1,
et à parcourir dans l'ordre numérique la classe
entière. Cette régularité est nécessaire pour
maintenir l'ordre et pour empêcher qu'aucun
des écoliers ne manque la leçon. Dans les commencemens, cette pratique est pénible et occa-
sionne quelque bruit, parce que dans les classes
mineures, les *moniteurs* sont obligés d'appeler
les enfans pour lire ou épeler au moyen de
la liste de leurs noms ; mais comme un numéro
est attaché à chaque nom, les *moniteurs* ap-

prennent bientôt à connoître et à retenir les numéros et les noms de tous les garçons de leurs
classes respectives, et cela diminue la difficulté.

Quand le demi - cercle est formé autour
d'un tableau, le *moniteur* indique successivement avec sa baguette les colonnes d'épellation qui forment la leçon du jour. Le premier
écolier répète le mot indiqué lettre par lettre
dans chaque syllabe, et puis prononce le mot :
cette manière est la pratique commune dans
les écoles journalières ; et, après des épreuves
réitérées, elle a été trouvée la plus prompte
et la meilleure. Si ce premier écolier commet
une faute, celui qui le suit immédiatement
est appelé à la rectifier sans qu'on lui dise en
quoi elle consiste. Si le second ne peut pas la
corriger, le *moniteur* s'adresse au troisième,
au quatrième, etc. ; l'écolier qui a corrigé la
faute prend la place de celui qui l'a commise,
et reçoit de lui ses décorations de préséance.
Le *moniteur* ne doit jamais corriger lui-même
les erreurs, à moins qu'aucun des enfans
de cette leçon n'ait pu le faire. Les écoliers, dans
cette leçon comme dans les autres, doivent
s'enseigner les uns les autres, et le devoir du
principal *moniteur* est bien moins d'enseigner
lui-même, que de veiller à ce que cette règle

s'observe exactement. Quand les écoliers du demi-cercle ont étudié de cette manière leur épellation sur la lecture, le *moniteur* prend le tableau dans ses mains et le tourne vers lui, de manière à ce que lui seul puisse le voir, et il leur fait épeler et prononcer tel ou tel mot au hasard qu'il leur répète. Pendant cet exercice ils se corrigent encore mutuellement leurs fautes et prennent le rang de préséance de la même manière qu'il vient d'être dit.

Cette méthode a le grand avantage d'être une excellente contre-partie de l'épellation sur l'ardoise. Les enfans, d'après la règle ordinaire, épellent successivement dans l'ordre où ils sont placés dans le demi-cercle ; mais si le *moniteur* en remarque un qui ne fasse pas attention, ou qui regarde ailleurs, il l'oblige aussitôt à répéter la leçon qu'il n'a pas écoutée.

Il arrive presque toujours que l'écolier négligent la répète mal, et de cette manière sa faute est suivie d'une prompte punition. C'est encore un avantage très-important, que dans toutes ces méthodes d'enseignement, le *moniteur* est constamment obligé à la plus grande attention ; il ne peut pas faire comme le batelier qui regarde d'un côté en ramant de l'autre : son occupation est devant ses yeux, et dès le moment qu'il néglige l'exécution de la moindre partie de ses devoirs, tout le demi-cercle est dérangé ou devient oisif, et la négligence du *moniteur* est immédiatement découverte par le maître. Dans la société civile, peu de crimes se commettent publiquement, parce qu'ils seroient toujours suivis de la découverte et de l'appréhension du coupable. Au contraire, il se commet beaucoup de délits dans le secret et le silence. Il en est de même dans mon institution pour ce qui regarde les devoirs des *moniteurs*. Leurs obligations sont tellement ostensibles qu'ils ne peuvent les négliger dans aucun moment ; la conséquence en est qu'ils acquièrent bientôt l'habitude de remplir leur tâche d'une manière facile et correcte. Ce qui s'applique aux *moniteurs* s'applique tout aussi rigoureusement aux autres enfans. Il n'en est aucun qui ne sente l'utilité de cette mutation continuelle, ainsi que de la variété et de l'activité de l'occupation ; ils acquièrent insensiblement l'habitude de fixer en silence leur attention sur chaque objet qu'on leur présente, et sans que jamais il en résulte une trop grande contention d'esprit.

NOUVELLE MÉTHODE

POUR

ENSEIGNER L'ARITHMÉTIQUE.

Iᴌ est nécessaire que je commence par quelques considérations sur la méthode habituelle de l'enseignement de l'arithmétique, telle que beaucoup de mes lecteurs se souviendront de l'avoir pratiquée dans les écoles dès leur enfance.

Ordinairement c'est le maître qui, avec beaucoup de peine et de travail, *pose* lui-même les sommes dans les cahiers des écoliers ; d'autres fois ces sommes sont copiées par les enfans, comme ils les trouvent dans l'arithmétique de Walkingam (1) ou de tout autre.

Le maître montre ensuite à chaque écolier comment il doit opérer avec ces sommes : il le montre une première fois ; mais après cela l'écolier doit continuer de lui-même, avec d'autres sommes, en suivant ce premier exemple.

Les écoliers font ce travail dans leurs bancs ;

____

(1) Ouvrage anglais.

ensuite le maître vient vérifier si ce travail a été fait correctement.

Mais toute opération arithmétique se compose , non-seulement d'un travail mécanique ou ostensible , mais encore d'un travail intellectuel , soit pour poser tel chiffre plutôt qu'un autre , soit pour savoir s'il ne s'est pas trompé. Or, il est impossible de s'assurer combien de fois ce travail intellectuel a été répété mentalement avant que son résultat ait été soumis à l'inspection du maître ; des écoliers appliqués peuvent la répéter cinq ou six fois , tandis que des écoliers insoucians ou paresseux ne la font guère qu'une fois. On voit que cette méthode emploie beaucoup de temps , et le maître n'a aucun moyen de l'abréger. La perte de temps n'est pas moins grande , si ce sont les écoliers qui viennent soumettre leurs sommes à l'inspection du maître. Il faut faire attention à chaque écolier individuellement : vingt garçons à-la-fois peuvent avoir des sommes prêtes à être vérifiées ; dans ce cas les dix-neuf autres attendent , demeurent oisifs ou parlent entre eux pendant que le vingtième est au pupitre du maître avec sa somme. Ce n'est pas tout , s'il arrive que ce soit un écolier stupide et incorrigible qui , le premier , montre sa somme au maître , et que ,

voulant corriger son travail, il ajoute encore de
nouvelles erreurs à celles qu'il a déjà commises,
comme cela arrive souvent, cette seule leçon
arrêtera le maître pendant long-temps, ainsi
que tous les enfans qui attendent leur tour : ces
exemples d'un travail mal fait n'ont qu'à se répéter plusieurs fois dans la même séance, toute
la leçon sera dérangée, le travail du maître sera
perdu, et la classe entière sera restée sans occupation.

On sent d'ailleurs combien il doit être fati-
gant et ennuyeux pour le maître d'avoir constamment l'esprit fixé sur le même point d'arithmétique élémentaire. *L'uniformité en toute
chose produit le dégoût ; la variété au contraire commande presque toujours l'attention.*

Pour éviter ces inconvéniens, j'ai inventé
une méthode entièrement nouvelle d'enseigner
l'arithmétique ; méthode que l'on applique
aussitôt, et en même temps, que les enfans
apprennent à faire leurs chiffres.

Pour l'arrangement et l'ordre des classes
d'arithmétique, *voyez* la page 17.

Première classe d'arithmétique.

Le premier objet à remplir, c'est d'apprendre aux enfans à faire leurs chiffres : à cet effet,

la classe qui apprend à faire des chiffres s’assemble sous son *moniteur*, et prend la place qui lui est assignée dans l’école pour ce genre de travail ; car il ne faut pas oublier que les mêmes enfans qui sont dans telle classe, sous le rapport de leurs progrès dans la lecture, sont dans une autre classe, selon le degré de leur avancement dans l’arithmétique : ainsi, quand l’école est occupée au calcul, les classes sont organisées d’après l’ordre des classes d’arithmétique ; page 17 ; et quand l’école est occupée à lire, les classes sont arrangées selon l’ordre des classes de lecture, page 14. Au commencement de l’école, les écoliers se rangent tous d’après les classes de lecture ; quand ils arrivent à l’heure destinée au calcul, ils se séparent, et se forment en classes d’arithmétique ; l’arithmétique terminée, ils se reforment de nouveau en classes de lecture avant de quitter l’école. Ce changement d’une classe dans l’autre, qui comprend les trois quarts de l’école, s’opère avec très-peu de bruit et sans la moindre confusion.

S’il se trouve dans l’école des enfans qui n’aient encore aucune connoissance de la manière de faire les chiffres, ils demeurent sous le soin de leur *moniteur*, et s’occupent de la lecture pendant que les autres travaillent au calcul. Ma méthode d'enseigner l'arithmétique est tellement simple et aisée, que tous les enfans qui sont en état de lire et d'écrire la leçon de quatre lettres, sont placés dans la première classe de calcul.

Il n'est pas rare de trouver des écoliers avec lesquels ma méthode a un tel succès, qu'au bout de six mois ils écrivent et chiffrent remar—quablement bien, sans avoir jamais auparavant ni touché une plume, ni reçu aucune leçon. Ordinairement, il faut que les enfans aient appris à faire leurs chiffres avant d'entrer en arithmétique; d'après ma méthode, au con—traire, ils apprennent en même temps à faire les chiffres et à calculer. La classe des enfans qui apprennent à faire les chiffres forme, dans mon institution, la première classe d'arithmé—tique.

De la première classe d'arithmétique.

Dans l'enseignement de cette classe, le nom—bre d'écoliers qui la composent n'est pas limité : chaque garçon qui est capable de suivre la leçon y est aussitôt admis. Au lieu de leur enseigner à faire des chiffres en leur faisant écrire succes—sivement dans un cahier les neuf figures numé—riques, comme on le pratique dans la méthode ordinaire, ils ont chacun une ardoise. Le *moniteur* prend une table d'addition, dans laquelle se trouvent combinées, non-seulement des unités avec des unités, mais des unités avec des dizaines. Par-là les écoliers deviennent familiers avec un genre de combinaison qui forme la seule difficulté de l'addition ou de la soustraction. Le *moniteur* lit en suivant cette table :

9 et 1 font 10, 9 et 2 font 11, etc. ; 25 et 1 font 26, 25 et 2 font 27, 25 et 3 font 28, 25 et 4 font 29, 25 et 5 font 30, 25 et 6 font 31, 25 et 7 font 32, 25 et 8 font 33, 25 et 9 font 34, ou d'autres variations de la même table.

Pendant que le *moniteur* dicte ces nombres, chaque enfant les écrit sur son ardoise ; le *moniteur* et les écoliers les plus avancés assistent les commençans jusqu'à ce qu'ils sachent tous faire les chiffres d'eux-mêmes. Le *moniteur* varie ensuite la table de cette manière :

Otez 9 de 10 reste 1, 9 de 11 reste 2, 9 de 12 reste 3, etc.

Il se sert de même de la table de multiplication, ainsi que de la combinaison inverse, 6 fois 2 font 12, 2 en 12 6 fois.

Il leur enseigne de la même manière les tables de schellings et de deniers (1). Par cette

____

(1) Monnoie anglaise.

méthode, les enfans acquièrent une prompte connoissance des chiffres. Il est vrai que, dans cette classe, tout ce qu'ils ont à faire leur est dicté ; mais insensiblement ils prennent l'habitude de faire attention à ce qu'ils font, et ils en retiennent quelque chose. D'ailleurs, en faisant des chiffres tant de fois, ils acquièrent inévitablement de la facilité et de l'aisance à les faire ; et rien ne contribue davantage à assurer leurs progrès dans la classe supérieure du calcul.

On doit aussi se servir de pareilles tables appliquées à l'addition, à la soustraction, à la multiplication, à la division, et au calcul des schellings et demiers ; mais dans lesquelles il n'y a ni la solution ni la réponse aux questions du *moniteur*. Ce moyen servira de contre-partie à la méthode précédente. Une table pareille, applicable aux deux règles d'arithmétique, est suspendue à la muraille.

Dans l'exemple précédent, le *moniteur* disoit 9 et 9 font 18, et les enfans l'écrivoient ; maintenant il divise la classe, et les appelle successivement par demi-cercle de douze autour de la table suspendue à la muraille. Ils ont leur numéro, leur décoration de mérite, etc., comme dans les autres divisionsde classes . Ensuite le *moniteur*demande au premier écolier combien font 9 et 4, et celui-ci doit répondre en donnant le montant, — 13. S'il n'est pas en état de répondre correctement, le *moniteur* pose la question à un autre garçon, jusqu'à ce qu'il en trouve un qui y réponde ; et celui-ci prend le rang de préséant et les signes de mérite de l'écolier qui n'a pu répondre à la question. Tous les écoliers de la classe passent successivement à cette leçon par compagnie de douze, et répondent à des questions de cette nature, qui correspondent à la leçon semblable qu'ils ont eue ce jour-là sur l'ardoise.

Le *moniteur* varie ses questions. Par exemple: Combien font 9 et 9? Otez 9 de 18, que reste-t-il? Combien font 9 fois 9? combien de fois 9 en 81 ?

Pendant qu'une compagnie de douze enfans (il n'est pas nécessaire que ce nombre soit précisément limité à douze, mais il ne sauroit guère être porté au-delà de vingt) est occupée à cette tâche, le reste de la classe demeure à sa place pour continuer à écrire ce que dicte le *moniteur*, jusqu'à ce que la première division de douze ait terminé sa leçon : alors une autre division sort à son tour des bancs pour subir le même examen, et les premiers retournent à leur place pour écrire : cela se répète tous les jours, jusqu'à ce que toutes les classes aient terminé ses leçons des deux manières. Cette méthode sert en quelque sorte d'introduction au calcul. On verra par ce qui suit que, d'après mon plan, l'arithmétique n'est absolument enseignée que par des moyens pratiques.

De la manière d'enseigner les quatre règles d'arithmétique, d'après la nouvelle méthode.

La classe qui suit immédiatement la précédente est celle de l'addition simple. Ordinairement on fait commencer les écoliers par de petites sommes pour avancer graduellement à des sommes plus fortes ; mais quand ils ont été bien instruits dans la classe précédente, la grandeur des sommes ne peut guère leur présenter de difficultés ; car ils ont tous les élémens nécessaires à leurs progrès futurs dans toutes les branches de l'arithmétique. Le lecteur remarquera encore que toute cette méthode d'enseignement est exactement liée à l'écriture ; elle a l'avantage, non - seulement de commander l'attention des enfans, mais encore de rendre cette attention visible, et de faire reconnoître avec certitude si les écoliers ont exécuté ce qu'ils avoient à faire pour remplir leur tâche. Chaque enfant a une ardoise et un crayon : le *moniteur* a un livre imprimé dans lequel sont les sommes que cette classe doit calculer; il a un autre livre contenant la clef ou les calculs déjà faits, ainsi que la manière exacte de faire l'opération (1).

Lorsque la classe s'est rangée dans les bancs, le *moniteur* prend le livre des sommes. — Supposons que le premier exemple soit ainsi qu'il suit :

$$N^{o} I. \longrightarrow \begin{array}{r} 27,935 \\ 3,963 \\ 8,679 \\ 14,327 \\ \hline 54,904 \end{array}$$

Il répète à haute voix les chiffres 27,935, et chaque garçon de la classe les écrit. Après avoir vérifié si cela a été fait correctement par chacun, il dicte les chiffres 3,963, qui sont

____

(1) Tout écolier qui sait lire et un peu calculer est en état de s'acquitter de cette fonction aussi bien que le principal *moniteur*. L'écolier qui lit les sommes ne peut pas être oisif, car toute la classe seroit forcée d'être oisive en même temps. En montrant aux autres, il apprend lui-même avec une grande rapidité. *Note de l'auteur.*

écrits et vérifiés de la même manière ; il procède ainsi de suite jusqu'à ce que chaque enfant de la classe ait écrit sur l'ardoise tous les nombres de l'exemple. Il prend ensuite la clef (c'est-à-dire le livre où l'opération est décrite en toutes lettres), et il lit ainsi qu'il suit :

Première colonne.

7 et 9 font 16, et 3 font 19, et 5 font 24 : posez 4 (1) sous le 7, et portez 2 à la seconde colonne. Cela est écrit par chaque garçon de la classe, et inspecté comme dessus. Puis le *moniteur* continue :

Deuxième colonne.

2 et 7 font 9, et 6 font 15, et 3 font 18 et 2 que j'ai porté font 20 : posez 0, et portez 2.

Troisième colonne.

3 et 6 font 9, et 9 font 18, et 9 font 27, et 2 que j'ai porté font 29, posez 9, et retenez 2.

Quatrième colonne.

4 et 8 font 12, et 3 font 15, et 7 font 22, et 2 que j'ai retenu font 24 : posez 4, et retenez 2.

---

(1) Lorsqu'on dicte posez 4 sous le 7, et retenez 2, les écoliers chargés de surveiller l'exécution des autres ont soin de s'assurer que chacun écrive 4 sous le 7, et ainsi de même à chaque colonne suivante.

Cinquième colonne.

1 et 2 font 3, et 2 que j'ai porté font 5 : posez 5.

Total en chiffres, 54,904 fr.

Total en mots, cinquante-quatre mille neuf cent quatre fr.

Tout l'exemple est écrit de cette manière par chacun des écoliers de la classe : le *moniteur* en fait ensuite l'inspection, et fréquemment le maître la fait lui-même. Cette méthode est particulièrement bien adaptée pour faciliter les progrès des écoliers dans les parties élémentaires des mathématiques.

La connoissance des quatre règles d'arithmétique peut être acquise d'une manière aisée par cette méthode.

L'utilité de ses effets n'est pas moins relative aux principes qu'à la pratique. Pour que les enfans puissent être versés dans l'arithmétique, il faut que les combinaisons de chiffres qui se rencontrent dans les quatre premières règles, leur deviennent personnelles, et soient gravées dans leur mémoire. Or la fréquente répétition de la même idée suffit seule pour imprimer cette idée dans la mémoire, sans qu'il soit nécessaire de s'appliquer spécialement à l'apprendre comme une tâche.

Dans la méthode d'enseignement que je viens de décrire, chaque écolier est obligé de répéter mentalement la même combinaison, au moins deux fois dans le même exemple : la première fois, en écoutant la voix du *moniteur* qui dicte, et ensuite en répétant cette impression par l'écriture sur l'ardoise. Quand une certaine série d'exemples est terminée, la classe la recommence de nouveau : de cette manière les répétitions se succèdent jusqu'à ce que la pratique ait bien assuré les progrès de l'écolier et l'ait mis à même d'être admis dans une autre classe d'une règle supérieure.

La multiplication s'apprend avec la même facilité par la même méthode; et l'usage que l'on fait en général de la table de multiplication, en la faisant servir d'auxiliaire à la mémoire dans l'enseignement de cette règle, est encore une nouvelle preuve de la bonté de ma méthode.

Dans l'exemple précédent, nous avons vu que les écoliers entendent prononcer et écrivent les sommes tant en chiffres qu'en toutes lettres; ils acquièrent par-là une connoissance achevée de la numération (l'expression des nombres), sans y appliquer en aucune façon leur attention; c'est-à-dire que les écoliers apprennent la numération dans mon institution, non pas en l'étudiant, mais en la pratiquant ; et en général, je puis dire que toutes les autres branches de connoissances que l'on enseigne dans les autres classes, s'acquièrent de la même manière, avec la même célérité et la même facilité.

Les garçons mettent de l'émulation à l'emporter les uns sur les autres pour la manière correcte et nette d'écrire leurs sommes sur l'ardoise : ce moyen augmente considérablement leur pratique et leurs progrès dans l'écriture.

Avant l'introduction de cette méthode, j'avois trouvé nécessaire d'employer les enfans les plus âgés pour enseigner aux autres les règles inférieures de l'arithmétique; mais ce moyen n'avoit pas toujours un égal succès. Cet inconvénient se trouve écarté dans ma méthode par l'usage des clefs.

Il est évident qu'un enfant qui auroit acquis la connoissance d'une des quatre règles, et qui seroit appelé à l'exécuter devant moi, ne feroit autre chose que répéter précisément les procédés exprimés par la clef; et, d'un autre côté, si j'avois à montrer cette même règle à un écolier qui n'en auroit encore aucune connoissance, la clef contient également en substance ce que j'aurois à lui exprimer. Ce moyen des clefs peut donc en quelque sorte remplacer le maître.

A l'aide du guide qui contient les exemples, et de ces clefs qui en donnent la solution, un enfant de huit ans, pourvu qu'il sache passablement lire l'écriture et exprimer les nombres, pourra enseigner les quatre premières règles de l'arithmétique avec autant d'exactitude qu'un mathématicien qui l'auroit professée pendant vingt ans.

Il ne seroit peut-être pas raisonnable d'attendre beaucoup d'invention ou d'action intellectuelle de la part des enfans dont les talens ne sont pas encore développés; mais, lorsque la ligne est tracée, ils peuvent aisément la suivre. Les enfans eux-mêmes sont en général d'excellens agens pour ce qui n'est pas hors de leur portée, et dans ce cas rien n'est abandonné à leur discrétion; ils ne peuvent se tromper, à moins qu'ils ne s'endorment ou qu'ils ne le fassent exprès.

La nouvelle méthode procure au maître la certitude que chaque garçon dans la classe est occupé, et que toute disposition à l'oisiveté est découverte aussitôt qu'elle existe; elle écarte aussi l'inconvénient des moyens ordinaires où une grande partie de la classe attend et demeure à ne rien faire pendant que les autres reçoivent l'instruction partielle du maître ; enfin, elle a l'avantage de faire que chaque écolier répète trois fois autant d'exemples qu'il en feroit d'après les autres méthodes (1).

Arithmétique, en lisant.

Par cette méthode un exemple quelconque, tel, si l'on veut, que celui que nous avons cité

---

(1) J'ajoute ici quelques exemples pour les classes suivantes.

Exemples.

639	11	1	$\frac{1}{2}$
237	16	9	$\frac{3}{4}$
482	10	8	$\frac{1}{4}$
118	9	10	$\frac{1}{2}$
538	17	7	$\frac{1}{4}$
2,117	6	1	$\frac{1}{4}$

Deniers.

$\frac{1}{4}$ et $\frac{1}{2}$ font $\frac{3}{4}$, et $\frac{1}{4}$ font 1 denier, et $\frac{3}{4}$ font 1 $\frac{3}{4}$, et $\frac{1}{2}$ font 2 $\frac{1}{4}$. — Posez $\frac{1}{4}$ sous les deniers et portez 2.

Pences (ou sous).

7 et 8 font 15, et 9 font 24, et 1 font 25, et 10 font 35, et 2 qui sont portés font 37 ; 37 pences sont 3 schellings et 1 penny. — Posez 1 sous les pences et portez 3.

Schellings.

7 et 9 font 16, et 6 font 22, et 1 font 23, et 10 font 33, et 10 font 43, et 10 font 53, et 10 font 63, et 3 qui

plus haut, est écrit sur un tableau de carton avec la clef. Huit écoliers se rangent à l'instant en demi cercle, le *moniteur* énonce les sommes jusqu'à ce que tous les garçons les aient copiées

---

sont portés font 66 ; 66 schellings font 3 livres et 6 schellings. — Posez 6 sous les schellings et portez 3.

Livres (1), *première colonne.*

8 et 8 font 16, et 2 font 18, et 7 font 25, et 9 font 34, et 3 qui sont portés font 37. — Posez 7 sous le 8 et portez 3.

Seconde colonne.

3 et 1 font 4, et 8 font 12, et 3 font 15, et 3 font 18, et 3 qui sont portés font 21. — Posez 1 sous le 3 et portez 2.

Troisième colonne.

6 et 1 font 7, et 3 font 11, et 2 font 13, et 6 font 19, et 2 qui sont portés font 21. — Posez 21.

Total en chiffres, 2,117 livres 6 schellings 1 $\frac{1}{4}$ denier.

Total en toutes lettres, deux mille cent dix-sept livres six schellings un denier et quart.

Soustraction.

$$
\begin{array}{c}
6\ 7\ 8\ 4\ 3\ 7\ 8\ 9 \\
1\ 6\ 7\ 5\ 4\ 8\ 9\ 9 \\
\hline
5\ 1\ 0\ 8\ 8\ 8\ 9\ 0 \\
\hline
\end{array}
$$

Otez 9 de 9 reste 0. — 9 de 8 ne va point ; empruntez de 10 et dites : 9 de 18 reste 9. — Portez 1 au 8 fait 9.

(1) La livre sterling est de 20 schellings.

sur 'eurs ardoises. Ensuite le premier enfant lit la première colonne, et, quand il en vient au total 24, il pose 4 sous le 7, et marque 2

— 9 de 7 ne va point; empruntez 10 et dites : 9 de 17 reste 8. — Portez 1 au 4 font 5. — 5 de 3 ne va point; empruntez 10 et dites : 5 de 13 reste 8. — Portez 1 au 5 font 6. — 6 de 4 ne va point ; empruntez 10 et dites : 6 de 14 reste 8. — Portez 1 au 7 font 8. — 8 de 8 reste 0. — 6 de 7 reste 1. — 1 de 6 reste 5.

Reste en chiffres : 51,088,890.

Reste en toutes lettres : cinquante et un millions quatre-vingt huit mille huit cent quatre-vingt dix.

167 liv.	13 s.	$1 \frac{1}{4}$ d.
39	17	$9 \frac{3}{4}$
127	15	$3 \frac{1}{2}$

Deniers.

Otez $\frac{3}{4}$ de $\frac{1}{4}$ ne va point ; empruntez un denier et dix $\frac{3}{4}$ de $\frac{1}{4}$ reste $\frac{1}{2}$. — Portez 1 aux *pences.*

Pences (ou sous).

1 qui est porté et 9 font 10. — 10 de 1 ne va point ; empruntez 12 et dites : 10 de 13 reste 3. — Portez 1 aux schellings.

Schellings.

1 qui est porté et 17 font 18. — 18 de 13 ne va point ; empruntez 20 et dites : 18 de 33 reste 15. — Portez 1 aux livres.

Livres.

1 qui est porté et 9 font 10. — 10 de 7 ne va point ;

pour être porté à l'autre colonne; et en même temps chaque écolier en fait autant. Alors le second enfant lit la seconde colonne , et quand

---

empruntez 10 et dites : 10 de 17 reste 7.— Portez 1 au 3 font 4. — 4 de 6 reste 2 ; descendez le 1.

Reste en chiffres : 127 livres 15 schellings 3 $\frac{1}{2}$ deniers.

Reste en toutes lettres : cent vingt-sept livres quinze schellings trois pences et demi.

Multiplication.

$$6 \quad 7 \quad 8 \quad 9 \quad 7 \quad 4 \quad 8$$
$$1 \quad 2$$

$$8 \quad 1 \quad 4 \quad 7 \quad 6 \quad 9 \quad 7 \quad 6$$

---

12 fois 8 font 96. — Posez 6 et portez 9. 12 fois 4 font 48 et 9 qui sont portés font 57. — 7 et portez 5. 12 fois 7 font 84 et 5 qui sont portés font 89. — 9 et portez 8. 12 fois 9 font 108 et 8 qui sont portés font 116. — 6 et portez 11. 12 fois 8 font 96 et 11 qui sont portés font 107. — 7 et portez 10. 12 fois 7 font 84 et 10 qui sont portés font 94. — 4 et portez 9. 12 fois 6 font 72 et 9 qui sont portés font 81. — Posez 81.

Produit en chiffres : 81,476,976.

En toutes lettres : quatre-vingt un millions quatre cent soixante et seize mille neuf cent soixante et seize.

$$6,732 \text{ liv.} \quad 16 \text{ s.} \quad 11 \tfrac{1}{4} \text{ d.}$$
$$1 \, 2$$

$$80,794 \qquad 3 \qquad 3$$

---

il pose le total , tous les autres garçons font de même. Ils continuent ainsi colonne par colonne, jusqu'à ce que tout l'exemple soit achevé. Ce

---

Deniers.

12 fois 1 font 12. — 12 deniers font 3 pences. — Portez 3 aux *pences*.

Pences.

12 fois 11 font 132 et 3 qui sont portés font 135. — 135 deniers font 11 schellings 3 deniers — Posez 3 sous les pences et portez 11 aux schellings.

Schellings.

12 fois 16 font 192 et 11 qui sont portés font 203. — 203 schellings font 10 livres 3 schellings — Posez 3 sous les schellings et portez 10 aux livres.

Livres.

12 fois 2 font 24 et 10 qui sont portés font 34. — 4 et portez 3. 12 fois trois font 36 et 3 qui sont portés font 39. — 9 et portez 3. 12 fois 7 font quatre-vingt-quatre et 3 qui sont portés font 87. — 7 et portez 8. 12 fois 6 font 72 et 8 qui sont portés font 80. — Posez 80.

Produit en chiffres : 80,794 livres 55 schellings 3 deniers.

Produit en toutes lettres : quatre-vingt mille sept cent quatre-vingt-quatorze livres trois schellings trois pences.

Division.

```
1 2 | 8 7 8 3 2 4 6 8
    ________________
      7 3 1 9 3 7 2 — 4
    ________________
```

12 en 87, 7 fois, et portez 3 au 8, font 38. 12 en 38,

moyen a été employé avec succès comme méthode auxiliaire.

3 fois, et portez 2 au 3, font 23. 12 en 23, 1 fois, et
portez 11 au 2, font 112. 12 en 112, 9 fois, et portez 4
au 4, font 44. 12 en 44, 3 fois, et portez 8 au 6, font 86.
12 en 86, 7 fois, et portez 2 au 8, font 28. 12 en 28, 2
fois, reste 4.

Produit en chiffres : 7,319,372 , et reste 4.

Produit en toutes lettres : sept millions trois cent dix-
neuf mille trois cent soixante et douze , et reste quatre.

$$12 \mid 637 \text{ liv.} \quad 14 \text{ s.} \quad 1\tfrac{1}{4} \text{ d.}$$

$$53 \qquad 2 \qquad 10 - 1\tfrac{1}{4}$$

Livres.

12 en 6 n'y est point ; mais 12 en 63. — 5 fois et portez
3 , 12 en 37. — 3 fois et portez 1 aux schellings.

Schellings.

1 livre portée aux 14 schellings font 34 schellings , 12
34. — 2 fois, et portez 10 aux pences.

Pences.

10 schellings portés à 1 penny font 121 pences. 12 en
121, 10 fois, et portez 1 aux deniers.

Deniers.

1 denier porté au $\tfrac{1}{4}$ font 5 deniers, 12 en 5 n'y est
point. — Reste 1 $\tfrac{1}{4}$.

Produit en chiffres : 53 livres 2 schellings 10 deniers. —
Reste 1 $\tfrac{1}{4}$.

Produit en toutes lettres : cinquante-trois livres deux
schellings dix pences. — Et reste cinq deniers.

(64)

Chaque règle de l'arithmétique est considérée comme l'objet particulier d'une classe séparée. Voyez la table des classes mentionnée à la page 17. L'occupation des écoliers dans chaque classe est d'étudier exclusivement la règle qui est attribuée à cette division; et quel que soit le nombre des enfans dans la classe, que ce nombre soit de 10, de 20 ou de 500, la peine de l'enseignement n'augmente en rien par l'accroissement du nombre d'écoliers : la seule différence qu'entraînera un plus grand nombre d'enfans, ce sera d'exiger également un plus grand nombre d'enfans inspecteurs pour vérifier les sommes écrites par les autres enfans sur les ardoises.

Par la méthode que nous avons décrite, le *moniteur* ou le démonstrateur lit et indique à chaque écolier, dans chaque classe, ce qu'il a à faire, et les écoliers n'ont à s'occuper d'autre chose que de répéter souvent le même exemple, jusqu'à ce que les procédés qu'ils ont suivis, pour ainsi dire machinalement, leur soient devenus familiers.

D'après la méthode suivante, au contraire, l'affaire des écoliers est d'opérer, et de faire chaque chose sans instruction préalable.

Enseignement spontané *de l'Arithmétique.*

Dans chaque classe d'arithmétique, les écoliers sortent des bancs par compagnies de huit, d'après leur ordre numérique, et viennent se ranger autour d'un tableau de carton représentant un exemple qui corresponde à la règle enseignée dans cette classe. Le *moniteur* est muni de la clef de cet exemple : nous l'avons décrite plus haut. Chaque demi-cercle a ses décorations de mérite ; et les règles de la préséance, accordée à chaque écolier qui l'emporte sur les autres, sont observées comme à l'ordinaire. Le *moniteur* requiert le premier écolier d'additionner la première colonne, s'il s'agit d'une addition ; ou de multiplier les premiers chiffres, s'il s'agit d'une multiplication. L'écolier doit y procéder à haute voix, et *spontanément*, sans aucune connoissance préalable de l'exemple, et sans être assisté par le *moniteur*. S'il se trompe, c'est l'écolier qui le suit immédiatement qui doit rectifier l'erreur. Le *moniteur* ne doit le faire lui-même que dans le cas où aucun des huit garçons n'est en état de corriger la faute. Si les écoliers d'une classe commettent, dans cette leçon, des erreurs fréquentes, c'est un signe qu'ils ne

sont pas encore assez exercés d'après la méthode précédente qui doit préparer à celle-ci.
Ces deux méthodes ont l'une et l'autre l'avantage, qu'en la suivant, ni les écoliers, ni le
moniteur, ne peuvent demeurer oisifs. La der-
nière de ces méthodes se prête particulièrement bien à mon système d'émulation et de
récompenses. Elle n'exige pas que le *moniteur* soit un sujet d'une habileté supérieure
à celle des écoliers qu'il doit enseigner. Le
moniteur a une clef pour chaque *exemple* :
son seul devoir est de suivre des yeux cette
clef, à mesure que les écoliers procèdent *spontanément* à l'opération. Si la somme trouvée
par l'écolier est conforme au résultat indiqué
dans la clef, il a bien calculé ; si, au contraire,
le résultat est différent, le *moniteur* découvre
aussitôt l'erreur, et la fait rectifier par l'écolier suivant. D'après ce plan, *celui qui sait
lire sait en même temps enseigner*, et le dernier écolier pourra enseigner aussi exactement
que le *moniteur*.

Il est même utile d'occuper fréquemment
les enfans à cet exercice. En enseignant aux
autres ce qu'ils ignorent encore eux-mêmes,
ils acquièrent rapidement la connoissance dont
ils étoient privés. Le maître peut se servir de

la méthode que nous venons de décrire pour *examiner* les écoliers et s'assurer de leurs progrès ; il peut également se servir à cet effet de la méthode suivante.

Autre manière d'examiner les progrès des écoliers en arithmétique.

Pour reconnoître les progrès des écoliers déjà exercés d'après les méthodes précédentes d'enseignement, l'instructeur les *place* de manière qu'ils ne puissent ni se copier ni s'entr'aider les uns les autres. Il donne à chacun un exemple correspondant à la règle qui est enseignée dans la classe, et il lui demande de faire correctement la clef de cette opération. Si l'écolier remplit cette tâche avec facilité, et s'il la réitère plusieurs fois avec le même succès, ce sera une preuve qu'il est suffisamment exercé dans cette règle, et qu'il peut passer à une autre classe. La première classe, ou la classe de la combinaison des chiffres, est examinée de la même manière. On fait écrire aux écoliers, sur l'ardoise, une table d'addition, mais dont la somme n'est pas indiquée. Par exemple, 6 et 6 font..... : le garçon qui est examiné est requis d'ajouter le montant 12. S'il est en état de le faire pour toutes les combinaisons de l'addition , il sera apte à passer dans la seconde classe.

La méthode ordinaire pour l'enseignement de l'arithmétique nécessite habituellement une grande consommation de livres imprimés d'arithmétique : la nouvelle méthode écarte presque entièrement cette dépense. La même économie s'applique à un autre article de consommation qui est toujours fort coûteux dans les écoles ; savoir , les cahiers dans lesquels les écoliers écrivent ordinairement *tous* les exemples de calcul et *toutes* les opérations qu'on leur fait faire. Les progrès rapides qu'ils font dans mon école sont si grands , tant dans l'écriture des chiffres que dans le calcul , qu'ils n'ont besoin que d'écrire quelques *échantillons* de leur travail pour la satisfaction de leurs parens , et encore cela n'est pas absolument nécessaire. En se servant avec adresse de leurs crayons , ils acquièrent une égale facilité à se servir d'une plume.

ABSENCES, etc.

Nouvelle manière de passer en revue les écoliers pour reconnoître les absences.

Dans la plupart des écoles, il est d'usage, pour reconnoître les absences, de se servir d'une liste comprenant tous les écoliers, et au moyen de laquelle le maître fait un appel nominal à des heures qu'il varie selon son choix. D'après cette manière, chaque nom doit être appelé, quoique presque tous les écoliers soient présens. Dans mon institution, il étoit nécessaire de constater très-exactement les absences ; mais la méthode que je viens d'indiquer étoit trop pénible et trop bruyante, et j'en ai adopté une meilleure, qui n'exige point d'appel nominal. A cet effet, les écoliers de chaque classe sont numérotés, en commençant par 1, et en suivant la série des nombres jusqu'à 30, 70, 130, etc., selon le nombre dont se compose la classe ; chaque *moniteur* a dâns ses mains et conserve une liste de la classe à-peu-près dans la forme suivante :

Liste de classe.

N° 1 Fleury.

   2 Martin.

   3 Meunier.

   4 Lefebvre.

   5 Boulanger.

   6 Duport, etc. etc.

Une pareille série de numéros qui correspond à celle-ci, est imprimée sur le mur de l'école, comme il suit :

$$1, 2, 3, 4, 5, 6.$$

Le *moniteur* appelle les écoliers de la classe *pour la revue* ; à ce commandement ils sortent de leurs bancs avec ordre, font le tour de la salle d'école, et chacun se range successivement de lui-même contre la muraille, sous le numéro qui correspond à son nom, dans la liste de classe. Par ce moyen, toutes les absences sont reconnues sur-le-champ et à-la-fois ; chaque garçon qui se trouve absent, laisse une place vide. Le *moniteur* de la classe passe en silence autour de la salle, et écrit sur l'ardoise les numéros qui sont vacans.

Prenons pour exemple six garçons passés en revue d'après la liste précédente :

Nº 1, 2, 3, 4, 5, 6.

Fleury, Martin,   Boulanger.

Les garçons Fleury, Martin et Boulanger, sont supposés présens ; ils sont donc rangés sous leurs numéros. Les garçons Meunier, Lefebvre et Duport sont absens ; leurs numéros 3, 4, 6 sont vacans. Pour prendre note des absences, le *moniteur* écrit sur son ardoise ces numéros 3, 4, 6. Il en fait de même pour tous les numéros vacans de la classe ; après quoi il fait un relevé de ces numéros, il y ajoute les noms qu'il prend dans sa liste de classe, et le remet à un *moniteur* particulier, dont l'occupation spéciale est de surveiller la recherche des absences.

Le moniteur des absences.

Le *moniteur* des absences est muni d'une liste alphabétique de l'école entière ; en consultant cette liste, il trouve le nom, la demeure et la profession des parens de chaque garçon qui a été noté comme absent. Il faut une note pour chacun d'entre eux ainsi conçue : *J. Meunier, absent de l'école ce matin ; Thomas Lebrun, absent de l'école cette après-dînée.* Ces notes sont envoyées aux parens, par des enfans sûrs, qui sont chargés de rapporter une réponse. Il écrit ensuite un rapport qu'il remet au maître. Le rapport du *moniteur* pour les absences est conçu dans la forme suivante :

Huitième classe.

Jours du mois.	Absences.	Informateurs.	Rapport.
	Meunier. .	Petit. . . .	Retenu par ses parens.
	Thomas. .	Le Clerc. .	S'est absenté de l'école pour courir les champs.
	Roland. . .	Boucher. .	En voyage.

Lorsqu'un rapport constate qu'un garçon a fait l'*école buissonnière*, s'est absenté pour jouer, pour courir les champs, et qu'il est ramené à l'école, soit par ses parens, soit par des écoliers qu'on a envoyés *pour le chercher* à ce dessein, le *moniteur* des absences lui attache autour du cou un large carton avec ces mots écrits en lettres capitales : *ECOLE BUISSONNIÈRE.* Le délinquant est ensuite lié à un poteau où il demeure pendant toute la séance. En cas de fréquente récidive, on le lie dans une couverture, et on lui fait passer une nuit sur le plancher de l'école.

Dans les classes mineures, il est bon de partager les enfans par vingtaine, parce que les nombres de un à vingt sont ceux qu'ils retiennent avec le plus de facilité, et la revue pour reconnoître les absences en devient plus aisée.

La même série de numéros sur les murs de l'école, sert à passer la revue de toutes les classes successivement. Cette opération pour cent à cent vingt écoliers, dure rarement plus de cinq minutes. Les numéros attachés aux noms des écoliers dans les listes des classes, ne se rattachent à aucune idée de préséance; ils sont tous égaux sous ce rapport, et ne changent jamais par la préséance ou les progrès de l'écolier. Ils demeurent toujours les mêmes pour le bien de l'ordre, et n'ont aucun rapport avec le système des récompenses et des encouragemens.

Inspection.

Nous avons vu dans le chapitre *de l'arrangement et de la division de l'école en classes*, que les écoliers, à leur entrée, sont classés selon leur degré d'avancement. On n'enseigne dans chaque classe que les seules leçons qui lui sont assignées. Les écoliers doivent passer de la classe inférieure à la classe supérieure, aussitôt qu'ils sont suffisamment instruits dans toutes les leçons de la classe à laquelle ils appartiennent. Ainsi, par exemple, un enfant de la classe de l'A B C, aussitôt qu'il a appris à distinguer toutes ses lettres, est suffisamment instruit dans cette classe, et doit monter à la seconde, et ainsi de suite ; s'il demeuroit plus long-temps dans la même classe sans avancement, ce seroit une perte réelle de temps. Or, comme les progrès sont nécessairement inégaux, il est nécessaire d'établir une inspection permanente qui ait pour objet de reconnoître l'état des progrès de chaque écolier ; à cet effet, l'un des *moniteurs* est désigné comme inspecteur-général de lecture ; il tient une liste nominale qui comprend toutes les classes de lecture. A l'entrée d'un nouvel écolier dans l'école, ce *moniteur* l'examine, et lui assigne une classe selon le degré de son avancement ; son premier devoir, comme inspecteur de lecture, est de s'assurer avec soin que le nom de chaque écolier soit exactement porté sur la liste de la classe qui lui est assignée à son arrivée. Cette précaution est très-importante ; un écolier qui ne seroit point porté sur cette liste, pourroit facilement être omis dans l'inspection, et quels que fussent ses progrès, il demeureroit stationnaire dans la même classe.

L'inspecteur de lecture dresse sa liste générale sur le vu des listes de classe, et les *moniteurs* de chaque classe doivent veiller à leur tour à ce qu'aucun des noms de leurs écoliers n'y soit omis. Quand cette liste générale est dûment rectifiée, le *moniteur* de lecture procède à son inspection. Il commence par demander au *moniteur* de la première classe, de présenter six de ses écoliers dans l'ordre où ils sont inscrits sur la liste de classe. Il compare ensuite leurs noms avec sa propre liste ; après quoi il les examine, et s'il reconnoît qu'ils savent répéter toutes leurs lettres, et qu'ils sont en état de les tracer dans le sable, il les juge aptes à entrer dans la classe suivante, et il ordonne leur avancement. Il procède de la même manière et dans chaque classe successivement ; quand il a inspecté l'école entière, il recommence de nouveau. Lorsqu'un enfant avance d'une classe à une autre, il lui est permis de choisir un prix d'une légère valeur, comme une récompense de sa diligence ; le *moniteur* en obtient un de la même valeur pour ses soins à avancer les progrès de ses écoliers. La date de l'examen, l'avancement dans une classe supérieure, le prix choisi, etc., sont enregistrés par l'inspecteur dans un livre qu'il tient à cet effet.

Il n'est pas rare que je sois dans le cas de distribuer cent et deux cents prix en même temps. Dans ces occasions, la contenance de l'école entière présente une scène de véritable allégresse. Les enfans qui ont obtenu des prix se promènent en procession autour de l'école, en tenant leur prix à la main ; ils sont précédés par l'un d'entre eux portant une espèce de drapeau en papier, sur lequel est écrit en lettres d'or : *Ces bons écoliers ont obtenu des prix par leur avancement dans une autre classe*. Ce petit triomphe produit autant et plus d'effet que les prix eux-mêmes.

Le maître de l'école doit souvent faire lui-même cette vérification, sur-tout dans les classes avancées.

La même méthode d'inspection s'applique également bien aux classes d'arithmétique avec les seules variations qu'exige la différence de l'enseignement.

Émulation et récompenses.

Dans l'épellation par l'écriture sur l'ardoise, les écoliers sont ordinairement inspectés par le *moniteur* de la classe, souvent aussi par un *moniteur* inspecteur, et occasionellement par le maître.

L'impression dans le sable est inspectée de la même manière que j'ai indiquée pour la nouvelle méthode de l'enseignement de l'arithmétique. Les écoliers sont placés les uns après les autres, selon leur degré d'habileté dans la branche d'enseignemeut qu'ils ont à suivre. Chaque écolier doit chercher à surpasser l'écolier qui est devant lui, afin de prendre sa place. Dans la classe de lecture, les écoliers de chaque division ont les nᵒˢ. 1, 2, 3 jusqu'à 8, qu'ils suspendent à un bouton de leurs habits. Si le garçon qui porte le nᵒ. 8 surpasse celui qui a le nᵒ. 7, il prend sa place et son numéro, et celui-ci, au contraire, prend le nᵒ. 8. De cette manière, le garçon qui, au commencement de la leçon, a le nᵒ. 8, peut avoir à la fin le nᵒ. 1, *et vice versâ*. Le garçon qui a le nᵒ. 1 a une carte en cuir portant le mot *mérite* ou *mérite en lecture*, *mérite en épellation*, *mérite en écriture*, etc. Ce signe d'honneur lui est enlevé s'il perd sa place en se laissant surpasser par un autre.

Il porte en outre sur la poitrine une gravure collée sur du carton, qu'il doit également ment céder à celui par lequel il est surpassé. Cette gravure excite beaucoup d'émulation parmi les écoliers, parce que cette marque de mérite devient leur propriété, et peut être montrée chez eux et dans leur famille. A la fin de la leçon, celui des écoliers qui a le n°. 1, se présente devant le *moniteur* qui est désigné à cet effet, et lui remet tant la carte de numéro que la gravure; l'honneur de porter pendant la classe les billets et les numéros, comme signe de préséance, est la seule récompense qui y est attachée; mais la gravure donne à celui qui l'a portée le droit de s'en faire délivrer une semblable en échange, et il peut emporter celle-ci chez lui. Ce prix est sur-tout recherché par les plus jeunes écoliers; ces gravures et les *leçons de prix*, sont pour les enfans un objet tout à-la-fois d'amusement et d'instruction; ces avantages se concilient avec l'économie. On trouve de ces gravures qui peuvent être coupées en plusieurs parties dont chacune forme un sujet particulier et peut servir de prix. Un schelling par jour suffira pour donner des prix à cent vingt écoliers et plus, et pour donner de l'émulation à toute l'école. Ce moyen particulier d'encouragement ne peut être trop recommandé.

Les *leçons de prix* sont des choix de passages d'auteurs connus; de courtes histoires; de contes moraux en vers ou en prose, et susceptibles d'une grande variété. Ces prix méritent grandement l'attention et l'intérêt des écoliers, et même de leurs parens. On peut s'en procurer une collection choisie à l'école gratuite de J. *Lancaster*.

Les observations précédentes peuvent montrer que, dans mon plan, l'émulation et les récompenses sont étroitement unies à l'application dans l'étude, et à l'inspection qui doit servir à la constater.

Il y a un autre moyen de récompense, qui consiste seulement à avoir des billets de papier avec les n⁰ˢ. 1, 2, 3, etc.; on accorde ces billets à ceux des écoliers qui se distinguent dans l'écriture à la plume; exercice qui n'a lieu dans l'école que quatre fois dans la semaine au plus, et chaque fois par une partie seulement des écoliers. Chaque numéro doit être obtenu plusieurs fois avant que le porteur puisse se faire délivrer le prix qui y est attaché; par exemple :

N⁰. 1, 3 fois, recevra   1 sou.
    2, 6 fois,   —   2
    3, 8 fois,   —   4
    4, 9 fois,   —   6
    5, 12 fois,   —   12

Les billets qui sont accordés aux écoliers

sont enregistrés par un *moniteur* qui en est
chargé spécialement. Ces billets sont donnés
d'après le différent degré de peine et d'application que les écoliers ont mis dans leur ouvrage, et d'après le jugement que porte le
moniteur chargé de l'instruction et de la com-
paraison des copies écrites. Cette fonction exige
une certaine facilité de jugement qui ne se
rencontre guère que chez les garçons les plus
exercés, et il est important de mettre le plus
grand soin à bien choisir un *moniteur*. Dans
les petites écoles, le maître peut faire cette
inspection lui-même, mais dans les grandes,
il ne peut le faire qu'occasionnellement. J'ai
plusieurs jeunes *moniteurs* qui font cet office
avec succès. Le meilleur moyen de former un
sujet à cet emploi, est de l'habituer à inspecter
et à comparer le travail des écoliers qui écrivent
sur l'ardoise; dans les commencemens il pourra
se tromper, mais l'exercice et la pratique lui
donneront bientôt un coup d'œil et un jugement sûrs, et il deviendra un bon auxiliaire
dans l'école. Il est utile que le maître revoie
quelquefois les jugemens du *moniteur* inspecteur, qu'il rectifie ses erreurs s'il en a commis, et qu'il lui montre en quoi et sur quels
points il s'est trompé. Lorsqu'un écolier, par

sa diligence dans l'écriture, a obtenu le nombre des billets qui est déterminé, il lui est permis de choisir un prix de la valeur qui est attribuée à son numéro. Il y a toujours dans l'école une provision de prix d'une grande variété, tels que des balles, ballons, volans, raquettes, toupies, etc. ; mais les livres d'images et les *leçons de prix* sont généralement plus recherchés par les enfans, et ces prix sont en même temps plus utiles que les autres.

Je pense que le système d'émulation que je viens de décrire, et qui fait partie de ma méthode d'enseignement, sera regardé par tout lecteur impartial comme un moyen des plus utiles pour exciter l'application de ceux des écoliers qui n'ont que des dispositions et une habilité ordinaires. C'est précisément cette classe d'écoliers qui donne ordinairement le plus de peine, et pour lesquels le défaut d'émulation a le plus d'inconvénient dans les écoles ordinaires.

Les enfans qui se font remarquer par leur attention dans l'étude, peuvent encore être encouragés par une récompense non moins honorable et en même temps plus économique. J'ai établi dans mon institution un ordre de mérite ; chaque membre de cet ordre est décoré d'une médaille d'argent qui se porte à la bouton-nière de l'habit. Cette distinction n'est accordée qu'à ceux qui se signalent , non-seulement par leurs progrès dans l'étude , mais encore par le soin particulier qu'ils donnent aux progrès et à l'avancement des autres. Si l'honneur de porter la médaille est regardé comme une grande récompense , la honte de la perdre par son inconduite , est une des punitions les plus sensibles.

On peut accorder encore une autre récom-pense à ceux des écoliers qui sont les premiers dans leur division ; c'est de leur donner une carte intitulée : *prix, valeur de 4 sous; prix, valeur de 6 sous ,* etc., qu'ils portent en même temps que la marque de mérite ordinaire. L'enfant qui conserve la première place pen-dant trois ou quatre leçons successives, ac-quiert le droit de choisir un prix de la valeur qui est fixée sur la carte dont il est porteur ; mais il perd ce droit en même temps qu'il perd sa place.

Lorsque les écoliers se distinguent d'une manière particulière , il est bon que le maître écrive quelquefois aux parens pour les en in-former : ce moyen est encore un grand en-couragement pour les enfans , et les engage à continuer leurs efforts pour conserver la même approbation.

Emulation entre les classes.

Les classes, dans mon école, cherchent continuellement à se surpasser les unes les autres. Celle qui est la plus élevée, sous le rapport de l'avancement dans l'étude, occupe la place la plus honorable : cette place n'a pourtant que la distinction d'être exclusivement réservée à cette classe. Lorsqu'une classe supérieure est surpassée par une classe inférieure, celle-ci s'installe dans la place privilégiée. Il arrive alors que les écoliers vaincus se mettent au travail avec une nouvelle ardeur pour reprendre leur ancienne place, et effacer leur disgrâce. Cette lutte de classe à classe se décide par l'écriture sur l'ardoise ou sur le papier. Le travail de chacun des écoliers d'une classe est comparé, avec impartialité, au travail d'un écolier de l'autre classe, et l'arbitre indique lequel des deux l'emporte. A chaque décision, l'on fait une note sur une ardoise en faveur de l'une ou de l'autre classe. L'arbitre ou le *moniteur* continue de même, jusqu'à ce que le travail de tous les écoliers ait été comparé : l'on fait ensuite de chaque côté l'addition des notes favorables, et la classe qui a la majorité est déclarée la classe supérieure. Rien ne peut se comparer à l'émulation qu'excite cette rivalité de classe : les examens à faire, et le jugement à porter sur la supériorité, font un grand événement dans l'école. Les autres classes obtiennent la permission de suspendre leurs travaux ordinaires, pour assister à la décision : toutes y prennent un extrême intérêt. Les *moniteurs* des deux classes rivales vont d'un écolier à l'autre, encourageant l'un, grondant l'autre sur son mauvais travail, comme un général qui exhorte ses soldats au combat. La joie des vainqueurs, le chagrin des vaincus, s'étendent à tous les écoliers, qui, dès le commencement de la lutte, se partagent en deux partis. En un mot, ces scènes enfantines ne peuvent mieux se comparer qu'aux rivalités qu'excitent nos élections pour le parlement ; elles en ont tout l'intérêt, sans en avoir les dangers.

Des fautes et des punitions.

La plupart des fautes que commettent, dans l'école, les enfans, doivent être attribuées à la vivacité de leurs dispositions actives. Ils font rarement le mal dans le dessein de le faire ;

mais ils sont portés naturellement à rechercher avec avidité tout ce qui leur procure de l'amusement ou du plaisir. Ils s'adonneront à l'étude avec le même empressement, lorsqu'on aura l'art d'y associer le plaisir innocent de l'émulation et l'encouragement des récompenses. Les seules fautes d'inconduite qu'on doive punir avec sévérité, sont celles qui tiennent au vice et à l'immoralité ; et encore, même dans ce cas, l'expérience m'a prouvé que, souvent, la douceur réussissoit mieux qu'une rigueur extrême.

Des principales fautes qui se commettent dans l'école.

L'oisiveté, dans l'école, doit être considérée comme une faute grave. Ceux qui sont inattentifs, qui s'occupent d'autre chose, ou qui parlent pendant la leçon, perdent tout le fruit de l'enseignement pour eux-mêmes, et détournent l'attention des autres.

De la manière dont les moniteurs *doivent porter plainte contre les délinquans.*

Le *moniteur* doit avoir constamment les yeux sur chacun des écoliers confiés à ses soins, afin de découvrir sur-le-champ celui qui perdroit son temps soit à parler, soit à ne rien faire. Fait-il cette découverte, il aura à porter contre le coupable une plainte en *inconduite*. Pour que ce devoir puisse être rempli en silence et sans déranger la leçon , le *moniteur* est muni d'un certain nombre de cartes imprimées portant la nature de la faute ; par exemple : *J'ai vu un enfant restant sans s'occuper : J'ai vu un autre parlant*, etc. Cette règle s'applique à chaque classe , et les cartes portent le numéro de la classe à laquelle le coupable appartient ; de manière qu'en voyant une de ces cartes appartenant , je suppose, à la cinquième ou sixième classe , on connoît aussitôt quel est le *moniteur* qui porte la plainte, et quelle est la faute dont il est question. Cette carte est donnée au délinquant, qui est forcé de se présenter de suite à la tête de l'école, et de la remettre au *moniteur* chargé des punitions.

Instrumens et modes de punition.

Lorsqu'un enfant a commis plusieurs fois la même faute , et que les admonitions n'ont produit aucun effet , le *moniteur*, auquel le délinquant se présente avec sa carte d'accusation , lui assujettit autour du cou un billot en bois servant de pilori , et le renvoie à sa place. Ce billot peut peser de quatre à six livres. L'ouverture de cette machine doit être beaucoup plus grande que le cou de l'enfant , qui se trouve ainsi forcé à se tenir droit ; car, aussitôt qu'il détourne la tête à droite ou à gauche , ce billot perd l'équilibre , glisse de dessus ses épaules , et pèse de tout son poids à son cou.

Les entraves.

Lorsque le billot est insuffisant , on lie les jambes du délinquant par des entraves en bois. Ces entraves sont des pièces de bois de la longueur d'un pied au plus , et quelquefois seulement de six à huit pouces. L'enfant qui est assujetti de cette façon ne peut marcher qu'avec une grande difficulté ; il est forcé de faire six pas là où il n'en auroit fait que deux. C'est dans cet état qu'on l'oblige à marcher autour de la salle d'école , jusqu'à ce que , rendu de fatigue , il supplie qu'on lui rende la liberté des jambes , et qu'il promette de faire tous ses efforts pour se conduire mieux à l'avenir. D'autres fois , on attache les mains du délinquant derrière le dos , ou bien on lui garrotte entièrement les jambes. Ces punitions sont très-convenables pour ceux des écoliers qui ont le défaut de quitter leur place pour aller de côté et d'autre dans l'école.

Le panier.

Dans l'occasion, les délinquans sont placés dans un sac ou dans un panier, et suspendus au plafond de l'école, à la vue de tous les écoliers, qui ne manquent pas de sourire fréquemment en regardant cet oiseau dans sa cage. Cette punition est une des plus terribles que l'on puisse infliger à des écoliers dont l'esprit a déjà un certain développement. Les *moniteurs* sur-tout en ont la plus grande crainte : aussi la seule menace de cette punition est-elle presque toujours suffisante, et il est rarement nécessaire d'y recourir en effet.

La caravane.

Les délinquans les plus invétérés sont quelquefois attachés les uns aux autres par un joug en bois qui est fixé à leur cou. Dans cet état ils servent de spectacle à leurs camarades, et sont forcés de marcher à reculons autour de toute l'école. Ils sont obligés de marcher avec la plus grande précaution, de peur que le joug ne rencontre quelque objet qui les heurte, ou qui les fasse tomber. Quatre ou six enfans peuvent être attachés au même joug.

Proclamation de la faute du coupable devant toute l'école.

Si un enfant est désobéissant envers ses parens, ou s'il a commis une faute grave contre la moralité, ou bien encore s'il se présente dans un état de malpropreté, il est d'usage dans mon école de lui attacher des écriteaux portant l'indication de sa faute, et de lui mettre un bonnet ridicule fait en papier. Dans cet accoutrement, on le promène autour de l'école ; deux écoliers le précèdent, et proclament sa faute.

Malpropreté.

Quand un enfant vient à l'école avec la figure et les mains sales, et que cette malpropreté lui est habituelle et ne vient pas d'un accident, on appelle une servante pour lui laver la figure à la vue de toute l'école. Cette punition est un grand sujet de risée et de divertissement pour les autres, sur-tout quand la fille applique quelques légères tapes sur les joues du coupable. *Une seule punition* de ce genre a suffi pour empêcher pendant deux ans qu'aucun écolier ne soit retombé dans cette faute.

La réclusion après les heures d'école.

Peu de punitions produisent autant d'effet que la réclusion après les heures d'école. Il est vrai que ce genre de punition a l'inconvénient d'obliger le maître, ou une autre personne déléguée, à se confiner également dans la salle d'école pour surveiller les enfans qui y sont détenus ; mais on peut éviter ce désagrément en les attachant aux bancs de l'école, ou en les garrottant au moyen de manchettes et de billots.

La variété des punitions est un avantage ; le même genre de peine trop souvent répété devient bientôt familier, et perd son effet. Heureusement la manière d'exercer la sévérité se presente rarement dans mon école : celui qui a été puni une première fois ne se met presque jamais dans le cas de voir répéter sa punition. Les écoliers qui ont l'esprit vif et un caractère actif, sont ordinairement les transgresseurs les plus fréquens du bon ordre et les plus difficiles à se soumettre à la raison ; le meilleur moyen de les corriger, c'est d'*en faire des moniteurs.* L'activité de leur esprit trouve par-là un emploi utile, qui en même temps augmente beaucoup leur propre avancement.

L'expérience m'a appris que les corrections

répétées ne devenoient nécessaires que dans le cas où un écolier étoit exposé dans sa propre maison à l'influence du mauvais exemple. Rien n'est plus commun malheureusement que de voir des parens qui, par leur mauvaise conduite dans leur famille, détruisent tout le fruit que leurs enfans auroient pu retirer de la fréquentation de l'école. Une surveillance toute particulière du maître peut seule contre-balancer en partie cette mauvaise influence.

Puisqu'il faut des punitions dans une école, je pense que celles que je viens de décrire sont préférables aux punitions plus *sévères*, et surtout aux peines purement *corporelles*. Les corrections que j'inflige à mes écoliers ont toujours un rapport moral, et font bien plus d'impression sur ces jeunes *têtes*.

Des Sous-maîtres et des moniteurs.

La plus grande dépense des écoles ordinaires vient de la nécessité d'y entretenir des sous-maîtres. Si un maître a trente élèves, comme l'école n'est ouverte ordinairement que pendant trois heures à-la-fois, il en résulte que chaque écolier n'a que six minutes d'enseignement individuel. Si le maître a soixante écoliers, chacun d'eux n'a plus que trois minutes d'instruction.

Dès que l'école s'élève à un nombre de soixante, il faut un sous-maître ; pour cent écoliers il en faut deux ; pour cent quarante il en faut trois, et ainsi successivement selon le nombre d'écoliers. Le traitement de ces sous-maîtres augmente beaucoup la dépense.

L'économie du nouveau système que j'ai introduit résulte principalement du procédé au moyen duquel je remplace l'emploi des sous-maîtres, quel que soit le nombre des écoliers. Ce procédé, qui consiste à faire en sorte que les enfans eux-mêmes deviennent propres à suppléer les sous-maîtres, n'a pu être obtenu qu'en simplifiant le système d'ordre et d'enseignement de manière à ce qu'il fût à la portée de la capacité et de l'intelligence la plus commune, et que la direction pût en conséquence en être confiée à tout écolier. Personne avant moi n'avoit résolu ce problème. Aussi, dans mon école, à mesure que le nombre des écoliers augmente, leur dépense individuelle diminue; le maître n'a pas plus de peine, et son salaire est supporté par un plus grand nombre d'enfans.

Les devoirs des *moniteurs*, comme suppléans des sous-maîtres, ne doivent pas se borner à l'instruction seulement; le maintien de l'ordre leur est également confié. Dans une école de plusieurs centaines d'écoliers, les meilleures méthodes d'enseignement demeureroient sans effet, si l'on ne commençoit par y maintenir un ordre continuel : l'autorité du maître dans les écoles ordinaires n'est presque jamais que personnelle. Lorsqu'il entre, la crainte produit le silence, du moins pour le moment ; mais dès qu'il sort, il n'y a plus que désordre et confusion, et les sous-maîtres sont rarement obéis. Cet inconvénient vient uniquement de ce que l'autorité du maître vient de sa personne et non de la nature de l'institution : à l'armée, l'autorité est attachée au système plutôt qu'aux individus ; c'est la place et non pas l'homme qui commande l'obéissance ; les ordres de l'officier subalterne sont suivis avec la même exactitude que ceux des premiers chefs. L'officier d'aujourd'hui peut être remplacé sans inconvénient par l'officier de demain. L'homme de soixante ans, ou l'adolescent de seize, prononcent le mot de commandement, et ce mot est suivi de la soumission la plus prompte.

Pourquoi n'en seroit-il pas de même dans une école ? La discipline, la ponctualité militaire peuvent facilement y être introduites en les appliquant à des objets et à des desseins plus pacifiques.

Ordre et Commandemens.

La conduite d'une grande école exige une fréquente répétition de différens commandemens, dont plusieurs sont nécessairement d'une nature assez triviale. Dans mon plan, la plupart de ces commandemens, au lieu d'être faits par le maître, le sont par les *moniteurs*. Mais il importe qu'ils ne soient pas donnés au hasard, et que les *moniteurs* se servent constamment des mêmes expressions et dans un ordre invariable. Il est donc nécessaire d'en limiter le nombre autant que possible; afin que les *moniteurs* puissent acquérir de la facilité et de l'assurance dans ces commandemens de convention; c'est le seul moyen de fixer l'attention des écoliers et de les habituer à la prompte obéissance. Pour remplir ce but il suffit d'écrire sur un papier les commandemens qui sont nécessaires aux *moniteurs* de chaque classe, et de suivre invariablement ceux qui sont une fois adoptés.

Pour que ces commandemens puissent être prononcés d'une manière convenable, il faut les rendre aussi courts qu'il est possible; par exemple : FRONT; *à* DROITE; *à* GAUCHE; *montrez* ARDOISES; *nettoyez* ARDOISES, etc.

En adoptant de cette manière une série de commandemens, applicables à tous les devoirs qui se remplissent dans la classe, on ne fait autre chose que définir avec plus de précision ce qui existe déjà dans la nature des choses, et ce qui seroit exécuté d'une manière vague et incertaine sans ces commandemens.

Les écoliers doivent apprendre à mesurer leurs pas lorsqu'ils marchent par classes ou par divisions, afin qu'ils ne se marchent pas sur les talons les uns des autres, et qu'ils évitent de se heurter ou de se pousser. En mesurant leurs pas, dans ces occasions, ils sont forcés de fixer leur attention à un seul objet, et cette nécessité est un moyen de plus d'éviter le bruit et le désordre. Il n'est pas nécessaire que le pas des écoliers soit *cadencé*, il suffit que chacun d'eux observe une distance régulière de lui à son chef de file. Lorsqu'un nouvel écolier est admis dans l'école, il trouve du plaisir à l'uniformité, à la nouveauté et à la simplicité des mouvemens qu'exécute la classe où il est placé, et il s'habitue facilement à faire comme ses camarades. D'ailleurs, ces commandemens n'ont rien de dur en eux-mêmes; les enfans s'y soumettent aisément par l'influence de l'habitude, et on peut dire que ce moyen répond parfaitement à l'esprit actif de la jeunesse. Le pouvoir de l'exemple facilite singulièrement l'établissement et le maintien de l'ordre. Les enfans sont essentiellement des créatures imitatives : à leur entrée dans une nouvelle école, ils voient que tout autour d'eux est dans un ordre parfait ; ils voient la promptitude et la facilité avec lesquelles tous les commandemens s'exécutent ; et par l'influence de l'exemple, ils font aussitôt ce qu'ils voient faire. L'effet que la nouveauté produit sur eux n'a point encore cessé, que déjà ils sont formés aux bonnes habitudes : toute cette heureuse jeunesse, sous la douce influence du système actuel d'éducation, apprend ainsi à obéir avec plaisir, sans que, pour maintenir l'ordre parmi elle, il soit jamais nécessaire de recourir aux verges et aux coups. Il est facile de voir que tout ce système d'ordre tient principalement à la facilité avec laquelle l'autorité d'un *moniteur* peut être déléguée et transférée d'un écolier à un autre.

Mais, d'un autre côté, si ce même système, par son extrême simplicité, n'étoit pas à la portée de l'intelligence la plus commune, les nouvelles méthodes d'instruction que j'ai introduites, malgré l'utilité qu'elles ont par elles-mêmes, seroient encore insuffisantes ; car il seroit impossible de mettre de simples écoliers dans la position de remplir les devoirs des sous-maîtres.

Feuille de commandemens à la sortie des bancs pour l'inspection de l'écriture.

ATTENTION.

Sortez.—Front.—Tête à droite,—à gauche. — Prenez ardoises. — Montrez ardoises (*Ici le* moniteur *fait l'inspection*). — Ardoises en main gauche, — en main droite. — Sur une ligne, — sur deux lignes. — En arrière. —En avant. — Marche. — Montrez ardoises (au maître ou au *moniteur*, inspecteur).

Pour retourner à la classe.

ATTENTION.

Marche. — Montrez ardoises. — Posez ardoises. — Entrez.

A la sortie de l'école.

Sortez. — Détachez — chapeaux. —Mettez — chapeaux. — Marche.

MONITEURS.

*Des Moniteurs chargés de l'enseigne-
ment, des qualités qu'ils doivent pos-
séder pour remplir ce devoir, et de la
manière de reconnoître s'ils les possè-
dent en effet.*

Le devoir du directeur ou du maître est de
s'assurer que chaque *moniteur* soit *pleinement
compétent* pour l'enseignement de la classe qui
lui est assignée. Cette certitude ne peut s'obtenir qu'en l'examinant d'avance dans les leçons qu'il aura à enseigner ; et le maître ne
doit jamais désigner un nouveau *moniteur*
avant de lui avoir fait subir cet examen préalable. J'ai connu plusieurs personnes qui pré-
tendent enseigner d'après mon plan, et qui
désignent un enfant pour *moniteur*, uniquement parce qu'ils ont cru deviner qu'il seroit
un bon *moniteur :* un maître ne doit jamais se
déterminer, dans ces occasions, d'après des
conjectures, tandis qu'il a le moyen d'acquérir
une conviction réelle. Mais cette condition ne
peut être remplie que par un examen sérieux
et préalable appliqué aux différentes séries de

leçons écrites, qui, dans mon plan, sont adaptées au mode d'instruction.

La nécessité de cet examen se fait sur-tout sentir pour les *moniteurs* des classes inférieures. La plus grande difficulté des leçons qu'on donne dans ces classes, vient de ce que le son des lettres varie souvent du doux au dur, et de ce qu'un grand nombre de mots, susceptibles de plusieurs acceptions, doivent être prononcés d'une manière différente. Un écolier peut lire bien en général, et cependant ignorer ou avoir oublié, après quelque temps, ces différentes variations : si donc il n'est pas examiné soigneusement par le maître, il pourra enseigner quelques mots d'une manière impropre.

Pour l'arithmétique, le maître doit s'assurer de même, par un examen préalable, si l'écolier qu'il choisit comme *moniteur*, est suffisamment instruit dans la méthode de l'enseignement de chaque règle ou leçon particulière qui est assignée à sa classe. Les *moniteurs* de *lecture* et d'*épellation* doivent non-seulement être en état, *comme écoliers*, d'exécuter et de comprendre les leçons qu'ils auront à enseigner, mais ils doivent encore être instruits par les soins du maître dans la *méthode* de l'enseignement et dans les différentes prati-

ques qui peuvent se rapporter à leurs leçons.

D'après mon plan, les *moniteurs* sont de
deux espèces différentes : les uns sont chargés
de *l'enseignement,* et les autres de *l'ordre;*
les devoirs des uns et des autres, comme nous
l'avons montré, sont, dans plusieurs occasions,
d'une nature tout-à-fait distincte.

Il y a une troisième classe de *moniteurs :*
celle des *moniteurs inspectans;* mais ceux-ci
sont toujours en très-petit nombre, même dans
les plus grandes écoles.

Les *moniteurs* se distinguent encore suivant
qu'ils sont permanens ou occasionnels.

Ils sont permanens quand ils sont désignés
pour remplir les devoirs réguliers et ordinaires
de l'école, dans l'enseignement, ou l'ordre, ou
l'inspection.

Ils sont occasionnels quand ils ne sont em-
ployés que comme *substituts* des *moniteurs*
réguliers, dans les occasions où ceux - ci sont
retenus par une maladie ou empêchés par toute
autre cause.

Règles à suivre dans la désignation des
Moniteurs d'enseignement.

1°. Les *moniteurs* désignés doivent comprendre parfaitement les leçons qu'ils ont à enseigner.

2°. Ils doivent comprendre la *méthode* de l'enseignement.

3°. Pour chacune des cinq premières classes, on peut choisir les *moniteurs* dans la classe immédiatement supérieure à celle qu'ils doivent enseigner. La seconde classe, ou la classe de deux lettres, fournira des *moniteurs* à la première, qui est la classe d'alphabet; la troisième donnera des *moniteurs* à la seconde ; la quatrième à la troisième, et ainsi la cinquième à la quatrième, et la sixième à la cinquième; mais la sixième fournira aussi ses propres *moniteurs*, ainsi que les *moniteurs d'ordre*. Ce moyen a l'avantage d'inculquer plus fortement dans l'esprit des *moniteurs* les leçons qu'ils viennent d'apprendre, et qu'ils enseignent ensuite dans la classe immédiatement inférieure. Au - dessus de la sixième, chaque classe fournit elle-même ses *moniteurs;* car dans ces classes, chaque écolier qui sait lire peut en même temps enseigner. L'art de l'enseignement dépend uniquement de la connoissance de la lecture et de l'écriture. Les seules conditions nécessaires pour l'emploi de l'inspecteur, sont encore l'art de la lecture et de l'écriture, joint à une conduite régulière.

Cartes des moniteurs, liste du directeur de l'école, et des fonctions du moniteur général.

Chaque *moniteur* doit porter dans l'école une carte en cuir doré, portant le titre de ses fonctions : *moniteur de la première classe, moniteur de lecture de la deuxième classe, moniteur de la troisième classe;* et ainsi de suite, avec différentes variations pour l'arithmétique, la lecture, l'épellation, etc.

Ces cartes sont numérotées. Il y a dans la salle d'école un rang de clous sur un des murs avec des numéros qui indiquent la place de chaque carte. Le clou numéroté 1, est la place de la carte numéro 1, et ainsi de suite. Quand l'école commence, les *moniteurs* sont appelés à prendre leurs cartes ; chacune de ces cartes qui demeure suspendue au clou, indique *l'absence* d'un *moniteur* régulier, et il est aussitôt remplacé par un *moniteur* occasionel que le maître désigne.

Le maître peut également désigner un *moniteur* d'ordre pour reconnoître l'absence journalière des *moniteurs* réguliers, et pour les remplacer par des *moniteurs* occasionels. Dans une *grande* école, ce moyen est un secours important pour le maître.

Pour remplir ce but et ne rien abandonner à la direction d'un *moniteur*, le directeur de l'école forme une liste, qui comprend tous les *moniteurs* réguliers qu'il a choisis pour les *moniteurs* suppléans pour chacune des classes. De cette manière, le *moniteur* d'ordre se borne à reconnoître la présence et l'absence des *moniteurs* réguliers, et remplace les absens, d'après les supplémens portés sur la liste du directeur.

Des devoirs des moniteurs.

Dans les grandes écoles, d'après l'ancien système d'enseignement, le fardeau des devoirs du maître augmente à un haut degré avec l'augmentation du nombre des écoliers. D'après la nouvelle méthode, la peine n'augmente que peu sensiblement en proportion du nombre; les travaux du maître qui ailleurs ne peseroient que sur lui seul, sont ici partagés entre plusieurs. Quelques classes dans une école peuvent occasionellement s'éteindre par suite des progrès des écoliers. Si tous les enfans qui sont dans la classe de l'alphabet, par exemple, acquièrent un degré d'avancement qui rende nécessaire leur promotion dans la seconde classe, celle de l'alphabet sera éteinte, à moins qu'il ne vienne de nouveaux écoliers dans l'école. De même, si tous les écoliers de la classe de soustraction se trouvent suffisamment instruits dans cette règle pour passer à une autre, il n'y aura plus de classe de soustraction dans l'école, jusqu'à ce que d'autres enfans viennent l'occuper, ou y soient promus des classes inférieures. Là où les mêmes enfans continuent à suivre l'école pendant un certain temps, sans que de nouveaux élèves y fassent leur entrée, on conçoit la possibilité que toutes les classes mineures se trouvent éteintes, et ne soient renouvelées que par l'admission de nouveaux écoliers.

Il faut un plus grand nombre de *moniteurs* dans une très-grande école, qu'il n'en faut dans une moins grande ; mais le système reste le même, quoique le nombre des agens soit augmenté. Dans une petite école, plusieurs devoirs peuvent être remplis par le maître lui-même, parce qu'ils ne s'appliquent qu'à un petit nombre d'écoliers ou de *moniteurs* qu'il a immédiatement sous ses yeux. Une école de cent écoliers n'exigera, par exemple, aucun *moniteur* général, et le maître remplira cette fonction sans difficulté ; mais dans une école nombreuse, il a besoin du secours d'un pareil agent.

Tous les *moniteurs* doivent avoir une feuille écrite ou imprimée, contenant une instruction sur leurs devoirs ; ils doivent apprendre cette instruction avec un soin particulier, et la répéter au moins une fois par semaine Ces devoirs, qui sont les mêmes pour toutes les écoles, et qui s'appliquent en général à la méthode d'enseignement, se trouvent imprimés à la librairie de mon école, ainsi que toutes les autres fournitures qui sont nécessaires pour monter et garnir une nouvelle école, et dont on trouvera une liste dans l'appendice. Les *moniteurs* peuvent coller ces feuilles de devoirs dans leurs livres de classe. Les instructions générales doivent être lues de temps à autre devant les *moniteurs* assemblés, tant réguliers qu'auxiliaires, afin que la parfaite connoissance de leurs devoirs puisse leur en faciliter l'exécution.

Les *moniteurs assistans* ne deviennent nécessaires que lorsque les classes s'élèvent au-dessus de vingt à vingt-cinq écoliers, et dans ce cas ils servent à relever le *moniteur* régulier, pour qu'il puisse se reposer de la fatigue d'une attention continuelle, et aussi pour qu'il lui reste le temps de suivre ses propres études ; mais dans aucune circonstance une classe ne doit être partagée entre deux *moniteurs* égaux et agissant tous les deux à-la-fois.

OBSERVATIONS POUR LES MAITRES.

Erreur commune parmi les instituteurs.

Une erreur dans laquelle les instituteurs tombent fréquemment : c'est de donner des commandemens eux-mêmes, en criant fort haut pour faire faire silence parmi les écoliers, ou pour les ramener à l'ordre. C'est une règle que l'on peut regarder comme générale, que *moins la voix du maître se fait entendre parmi les écoliers, mieux il en est obéi.* Le bruit dans l'école est ordinairement en proportion avec le bruit que le maître fait lui-même. Les punitions des écoliers augmentent en même temps que la fatigue du maître.

Le maître doit demeurer en silence; il doit se borner, du moins habituellement, à ne remplir que les fonctions de surveillant et d'inspecteur. La volonté de l'instituteur doit être exécutée, il est vrai; mais dans l'enseignement, d'après le système actuel, il se convaincra que son autorité n'est pas purement personnelle,

une fois que les écoliers connoîtront eux-
mêmes ce qu'ils auront à faire et à apprendre.
D'après cette méthode d'instruction, c'est le
système qui se fera obéir, plutôt que la volonté
du maître. Un commandement sera exécuté
par chacun des écoliers, *parce que c'est un
commandement;* et l'école entière se confor-
mera aux commandemens ordinaires et connus,
par cela seul qu'ils sont connus pour tels, quel
que soit celui qui les donne. Dans les écoles
ordinaires, l'autorité du maître est simplement
personnelle ; la verge est son sceptre ; le moment de son absence est le signal immédiat du
désordre et du bruit ; ses assistans ne sont presque jamais respectés. Mais dans une école bien
réglée, et conduite d'après mon plan, quand
le maître quitte la classe, les occupations des
écoliers sont continuées avec la même régularité que s'il étoit encore présent. Ma méthode
de commander, ou plutôt d'obtenir l'obéissance, est tout-à-fait nouvelle dans l'histoire
de l'éducation.

APPENDICE.

Salles d'école et fournitures.

Arrangement des leçons pour les Classes.

Dans mon nouveau système d'enseignement, je fais usage de plusieurs séries de leçons collées sur des cartons et adaptées à chaque classe : ces leçons, numérotées régulièrement, doivent être suspendues contre les parois de l'école, à des clous marqués des mêmes numéros. Le tableau de leçon, n.º 1 (pour la première ou pour la seconde, ou pour toute autre classe), est attaché au clou n.º 1; le n.º 2, au clou n.º 2, etc. Chaque série de leçons est rangée dans une place séparée; chaque classe ne doit apprendre que la série de leçons qui lui est exclusivement assignée : cette règle doit être suivie invariablement; il seroit impossible, sans cette précaution, d'éviter la confusion; c'est seulement lorsque les écoliers passent d'une classe à une autre, qu'ils peuvent entrer dans une nouvelle série de leçons.

Arrangement des Ardoises.

Au lieu de suspendre les ardoises à des clous contre la muraille, chaque écolier a une ardoise, dont le numéro correspond à celui qu'il a dans la classe, et qui est attaché par un clou au pupitre où il est assis ; on évite par ce moyen toute allée et venue, et l'on gagne le temps que la classe perdroit en sortant des bancs pour aller prendre ou remettre les ardoises contre le mur. Quand les écoliers écrivent dans les cahiers (ce qui n'a lieu que trois ou quatre fois dans la semaine, et par une partie seulement des écoliers à-la-fois), ils pendent leurs ardoises, c'est-à-dire, qu'ils les renversent par-dessus le pupitre de manière à ce qu'elles soient suspendues par le cordon. Lorsque les ardoises sont ainsi suspendues, pourvu que les cordons soient solides, il y a peu de danger qu'elles tombent à terre ou qu'elles soient brisées ; d'autant plus que, pendant que les écoliers sont occupés à écrire, ils sont peu dans le cas de sortir de leurs siéges, et qu'il y a d'ailleurs entre les pupitres un intervalle suffisant pour le passage. Si, par accident, les ardoises sont heurtées lorsqu'un écolier vient à passer, comme elles ont du jeu par la manière dont elles sont suspendues, elles cèdent au choc, ce qui les préserve de toute injure.

Ardoises.

D'après la nouvelle méthode d'épellation, qui a été décrite page 26, il est nécessaire que tous les écoliers de la même classe écrivent à-la-fois le même nombre de mots. Il est utile que les ardoises soient toutes d'une grandeur égale, et réglées du même nombre de lignes, sans quoi tous les écoliers ne pourroient pas exécuter également la même tâche. Le maître doit fixer le nombre de mots pour chaque classe, ainsi que le temps dans lequel ils doivent être écrits, et le temps de l'inspection. Les enfans qui cassent une ardoise par négligence, sont soumis à une amende.

Sable.

Dans l'explication de la méthode perfectionnée de l'impression dans le sable, il a été fait mention d'un fer à repasser, dont on se sert pour égaliser le sable. Un instrument en bois peut servir au même usage ; il aura même un avantage. Il pourroit arriver que les servantes de la maison prissent sur elles d'emprunter sans permission les fers à repasser, afin de s'en servir pour leur linge. J'ai vu cet inconvénient se renouveler plusieurs fois dans de petites écoles.

Le porte-tableau.

Il en est fait mention à la page 37. Il est bon que ce meuble soit mobile, soutenu sur des pieds. Il sert à suspendre les tableaux de leçons, pour que les écoliers puissent se ranger tout autour en demi-cercle. Deux de ces porte-tableaux seront suffisans pour une grande école ; car les tableaux de leçons sont habituellement suspendus aux parois des murs.

Fourniture de l'école.

Nouveau livre d'épellation de *Lancaster*.

Séries de leçons de lectures de *Lancaster*.

Nouveau système d'arithmétique de *Lancaster*.

Instruction dans l'écriture première ; par *Freame*.

Hymnes pour les enfans, papiers, etc.

Devoirs des *moniteurs*.

La méthode d'enseigner l'alphabet par série de lettres.

Numéros pour les revues d'*absence*.

Numéros de préséance pour les cercles.

Cartes des *moniteurs*.

Cartes d'accusation, et cartes de disgrâce.

Titres pour les classes à placer en tête de chaque classe.

Mots de commandemens.

Etiquettes de disgrâce.

Lettres de félicitation aux parens, sur les progrès des élèves.

Ardoises réglées pour l'usage des écoles.

Tous ces objets se vendent à l'établissement de *J. Lancaster*.

Explication des figures.

N°. I.

Le parallélogramme, à la tête de l'école, représente la plate-forme sur laquelle est placé le pupitre du maître.

Les numéros 1, 2, 3, indiquent les classes des écoliers, placés dans l'ordre de leur avancement dans l'enseignement.

La surface des bancs et pupitres est représentée dans la figure comme étant à-peu-près remplie par les écoliers, qui sont censés occupés à écrire sur leurs ardoises. Les enfans sont figurés par des points sur les pupitres.

Il y a à la tête de chaque classe un point qui indique le *moniteur* : son occupation est d'aller et venir devant les pupitres pour surveiller le travail et l'exécution des écoliers qui écrivent sur l'ardoise.

Place des écoliers lorsqu'ils sortent des bancs pour lire.

Les espaces marqués ainsi : |· · · · · · · ·| représentent les places où les enfans se tiennent

8

rangés par division, lorsqu'ils sortent de leurs bancs pour aller lire. Chaque division a son moniteur. Il y a huit de ces rangées sur la figure, une pour chaque classe. Dans chaque classe on remarque sur les pupitres un espace laissé vacant par les enfans qui sont allés lire, etc.

De l'autre côté de la salle, sont figurés des demi - cercles en blanc, qui forment les stations de lecture où se placent les écoliers pour lire.

Les espaces blancs marqués ainsi ☐ désignent la place que reprennent les écoliers, au signal donné par un coup de sonnette, pour quitter leur station de lecture; ils se forment sur une ligne et retournent dans cet ordre à leurs classes respectives, en faisant le tour de l'école. Ces mouvemens amènent de la variété dans les scènes des différentes occupations de l'école; ils conviennent d'ailleurs tout - à - fait à l'activité naturelle des enfans, et contribuent autant à leur contentement qu'à leur santé, en leur évitant l'assujettissement pénible de demeurer à la même place pendant deux ou trois heures.

Les passages qui demeurent libres, tant autour de l'école qu'entre chaque banc et le pupitre qui est placé par derrière, contribuent également à l'ordre et à l'activité de l'école.

N.° II.

C'est le même que le n.° 1, avec la seule différence que les écoliers sont représentés à leurs stations de lecture.

MODÈLE du Registre de l'École.

DATE de l'entrée.	Numéros dans l'École.	NOMS.	AGE.	NOMS des Parens.	DEMEURES.	PROFESSIONS.	Classe.	Numéro des classes.	CLASSE à l'époque de la sortie.	DATE de la sortie.	Observations.
					N°.						

N°. 1.

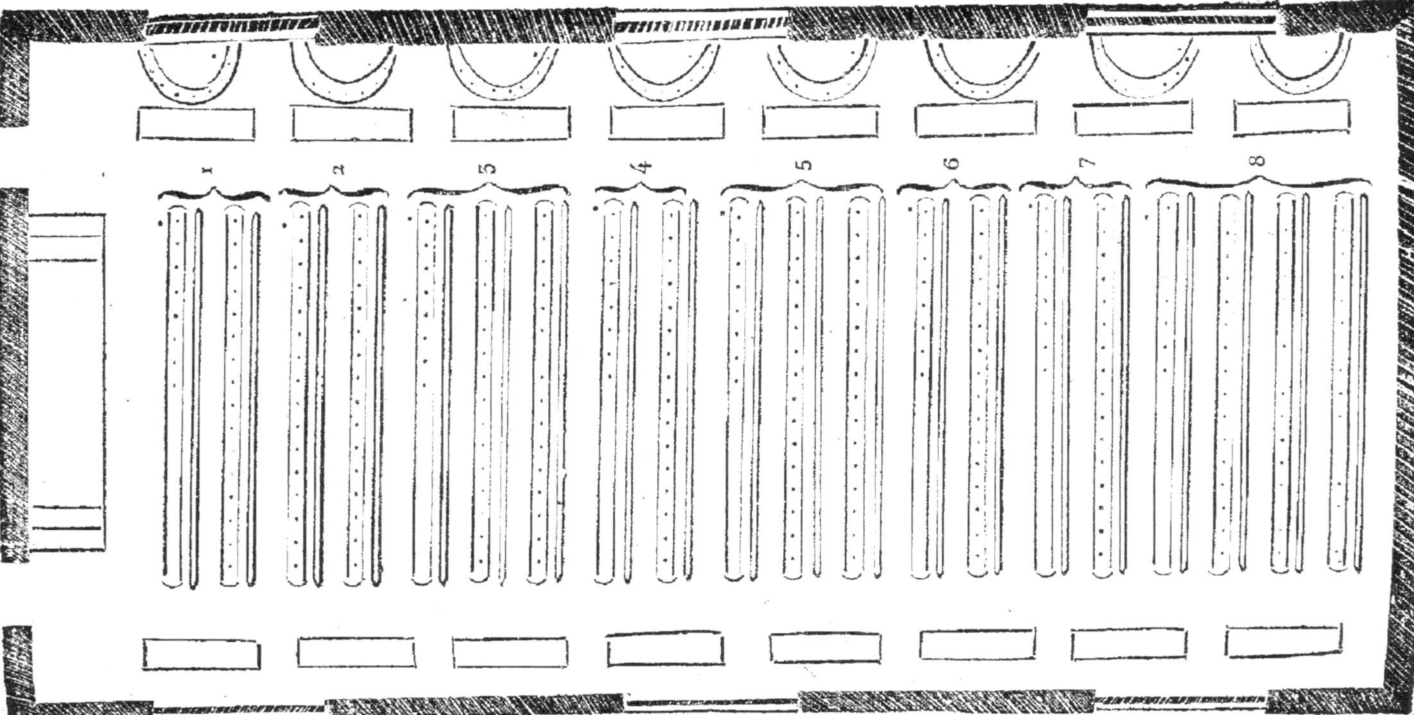

Nº. 2.
1
2
3
4
5
6
7
8

TABLE
DES MATIÈRES.

FIN.

www.ingramcontent.com/pod-product-compliance
Lightning Source LLC
LaVergne TN
LVHW050837200726

843507LV00001B/315